MW01697680

Hipnosis Ericksoniana

Un camino sobre la línea invisible del tiempo

Paul Anwandter

Hipnosis Ericksoniana
Un camino sobre la línea invisible del tiempo

ISBN: 978-956-9860-36-2
Registro de Propiedad Intelectual
Nº 2023-A-11424

CHAN! Editores
José Manuel Infante 85
Providencia
Santiago de Chile
www.agenciachan.com

Diseño Portada: Paul Anwandter L.
Diagramación: Florencia Henríquez C.

ÍNDICE

En memoria de Betty Alice Erickson,
cuya sonrisa por sí sola sabía cómo llevar
a todos a un trance profundo.

1. Introducción

Estimada/o lectora o lector:

Te invito a emprender un apasionante viaje en el tiempo, uno que abarcará tanto tu presente como el de tus seres queridos.

Este libro, *Hipnosis Ericksoniana: Un camino sobre la línea invisible del tiempo*, es el fruto de una búsqueda de conocimiento destinada a brindar transformación personal a través de la poderosa herramienta de la hipnosis ericksoniana, la cual promueve el crecimiento y bienestar emocional.

En estas páginas, te embarcarás en un fascinante recorrido guiado por las enseñanzas de Milton Erickson, un brillante psiquiatra y psicoterapeuta que revolucionó la hipnoterapia y el trabajo con la mente. Su legado ha dejado una huella perdurable en aquellos que lo conocieron o que experimentaron la hipnosis como una extensión de su ser.

A diferencia de la hipnosis clásica, la hipnosis ericksoniana se enfoca en la mente inconsciente y en los recursos internos que todos poseemos para sanar y producir cambios significativos en nuestras vidas.

Este libro va más allá de la mera presentación de modelos interconectados como una receta; es un viaje de autoconocimiento que te permitirá explorar tu pasado, descubrir tu ser actual y trazar nuevas rutas alternativas hacia el futuro.

Tu línea de tiempo personal será una valiosa herramienta para sanar heridas del pasado, crecer y desarrollarte, así como para encontrar un equilibrio emocional que favorezca tu estabilidad.

El camino de la Hipnosis Ericksoniana es una senda hacia la evolución personal, y a lo largo de estas páginas hallarás herramientas prácticas y ejercicios que te guiarán en ese proceso.

Además, este libro complementa la perspectiva ericksoniana con componentes propios de las teorías de Carl Gustav Jung, psicólogo y psiquiatra suizo, quien desarrolló la psicología analítica, profundizó en la relación del inconsciente y el consciente de las personas, rescató conceptos como los arquetipos y el inconsciente colectivo, entre otros, para utilizar en sus terapias.

Así, en una combinación de la propuesta jungiana y ericksoniana hemos elaborado una ruta de exploración del viaje en la línea de tiempo, que considera lugares simbólicos para el ser humano y el traspaso emocional-vivencial por cada uno de ellos, la revisión de los significados de la persona, la máscara, la nada y la alerta, así como la personificación de los arquetipos en cada etapa significativa.

Este libro realiza un recorrido por conceptos claves para la revisión de la historia personal. Comenzaremos por la teoría de partes, desde las perspectivas jungiana y ericksoniana, luego profundizaremos en la noción de viaje y sus elementos, con los diversos lugares que lo determinan, para así adentrarnos en los personajes que definen nuestra identidad, y comprender las etapas de la vida de una persona de acuerdo a las propuestas de Jean Piaget y Otto Laske. Por último, ofreceremos ejercicios para integrar todos estos contenidos en una vivencia experiencial que le permita a la persona descubrir de inmediato dónde se ubica, reconocer su recorrido, y encontrar las respuestas que necesita.

Creemos firmemente en la importancia de la experiencia directa para fortalecer el aprendizaje, por lo que este libro ha sido diseñado como una experiencia transformadora y significativa en sí misma.

En sintonía con esta visión, este libro toma inspiración del taller *Explora tu Línea de Tiempo con Hipnosis Ericksoniana*, realizado por primera vez en 2023, con cuya combinación de elementos se origina el modelo llamado *Timeline Soul Integration Therapy* o *TSI Therapy*. Así, esta pretende ser una obra que vaya más allá de la mera transmisión de conocimientos, pues aspira a convertirse en una herramienta poderosa para tu desarrollo personal.

Ya seas novata/o en el mundo de la hipnosis o tengas experiencia en el campo, este libro ha sido pensado para ser accesible a todas las personas. Nuestra base teórica respaldará cada concepto y técnica presentados, proporcionándote una comprensión completa y reflexiva.

Al leer estas páginas, te invitamos a abrir tu mente a lo desconocido, sumergirte en los trances hipnóticos y explorar profundamente el mundo ericksoniano. Queremos que te conviertas en un verdadero agente de cambio, capaz de aplicar estos conocimientos no solo en tu propio crecimiento, sino también para impactar positivamente la vida de los demás.

Con gran satisfacción y gratitud, te damos una cálida bienvenida a este viaje. Esperamos que disfrutes cada página y que, al finalizar este libro, encuentres una nueva perspectiva sobre tu vida, tus relaciones y tu bienestar emocional.

¡Bienvenida/o a un apasionante viaje sobre la línea invisible del tiempo!

Con afecto,

Paul Anwandter

Santiago, 16 de Agosto de 2023

2. Las Partes

2.1. Las Partes según Carl Jung y Milton Erickson

La teoría de las partes basada en conceptos junguianos y ericksonianos es un componente importante en el campo de la psicología y el desarrollo humano, y también se utiliza ampliamente en PNL (programación neurolingüística), coaching, mentoring, supervisión y, por supuesto, en hipnosis.

Esta teoría considera que a veces estamos divididos en términos de criterios y valores, y podemos tener diferentes perspectivas que compiten dentro de nosotros y no sabemos cuál de ellas es más importante o cuál debe ser considerada en una eventual decisión. Por ejemplo, una parte de mí quiere viajar al sur en las vacaciones, pero hay otra parte de mí que quiere viajar al norte en las mismas fechas y no logro decidirme, porque estoy dividido. Muchas veces, ambas partes quieren cosas que son mutuamente excluyentes y muy difíciles de conciliar, lo que genera estrés interno y problemas de diversa índole.

El enfoque de la teoría de las partes es ampliamente utilizado en el mundo de la terapia, ya que, de manera metafórica, permite que el individuo se disocie y entienda que existe un yo mismo o yo misma, y que «estas partes poseen partes». Cada una de estas partes tiene voluntades y necesidades propias que eventualmente se contraponen, y deben ser aclaradas y negociadas para lograr un resultado común, puesto que, en definitiva, estas «forman parte» de la misma persona.

Cuando empleamos esta teoría en hipnosis, decimos que cada parte tiene su propia necesidad de trance; y en coaching y PNL se busca que existan valores y metas comunes para llegar a una negociación satisfactoria entre las «partes», y de esa manera eliminar la posibilidad de conflictos internos o externos.

Bajo el concepto junguiano (Carl Jung), las partes están conectadas con distintos arquetipos, por ejemplo, la sombra, el anima/animus, el self, el ego, el sanador, el mago, entre otros. Lo interesante del modelo junguiano es que, independiente de lo metafóricas que puedan parecer las partes, estas logran transportar elementos propios de nuestras vidas, es decir, características humanas que se encuentran en los arquetipos, y que, eventualmente, pueden generar todo tipo de conflictos. En este modelo, la mente inconsciente tiene un papel muy importante en todas las partes que están activas y que no se comunican entre sí.

En la hipnosis de Erickson es fundamental el manejo de las partes conscientes e inconscientes. En esta teoría, la parte consciente tiene una capacidad limitada para absorber variables que son propias de la experiencia vivida en tiempo real, ya sean internas o externas, mientras que el inconsciente tiene la capacidad de absorber y procesar el resto de las variables existentes.

Además, en el modelo ericksoniano, la parte consciente busca, de forma racional, hacerse cargo y tener control, mientras que la parte inconsciente trabaja a través de procesos asociados a las emociones y a un lenguaje no necesariamente verbal, de forma directa, asociativa y metafórica.

En resumen, el consciente y el inconsciente deben llegar a un acuerdo y negociar, ya que el consciente no logra controlar necesariamente al inconsciente cuando este último está en desacuerdo, y desde esa perspectiva, la parte consciente muchas veces puede tener limitaciones.

Tanto en PNL como en coaching se puede emplear el modelo de las partes para disociar diferentes necesidades vinculadas a metas, objetivos y valores, y así el cliente logre tener una negociación entre sus diferentes necesidades y explorar los conflictos con el fin de alcanzar un acuerdo negociado.

El objetivo principal es llegar a una alineación de valores, metas y objetivos de las partes y, como en toda negociación, ofrecer la posibilidad a cada una de obtener algo de lo que necesita y aceptar que la otra parte también gane, ya que de otro modo no se logrará lo deseado.

Otra forma en la que nos encontramos con la teoría de las partes es en las «posiciones perceptuales», donde observamos una situación desde diversas perspectivas. En este modelo, el cliente utiliza sus voces internalizadas para llamarlas y que estas aporten diferentes perspectivas de una misma experiencia. Lo interesante de estas partes es que tienen nombres de otras personas, pero aun así residen en nosotros.

En el modelo presentado en este libro, considero que tanto «el viaje» como «los personajes» son elementos pertenecientes a la Teoría de las Partes y que han estado con nosotros conviviendo a lo largo de nuestra historia de forma silenciosa (y a veces no tan silenciosa).

El modelo de las partes, sin duda, es un gran aporte para la construcción de los procesos psicológicos humanos cuando existen conflictos internos, para que puedan ser trabajados de manera disociada, mejorando la perspectiva de lo que se tiene y/o experimenta, y entregando herramientas concretas y eficientes para llegar a una solución.

2.2. Lo que las partes buscan

Al igual que en la vida, cuando dos personas tienen un conflicto, cada una de ellas cree que está en lo correcto y, por ende, que la otra está equivocada.

La teoría de las partes adopta este enfoque para mejorar la interacción y comprensión de nuestras diferentes «partes». Estas actúan como si fueran personas distintas, ya que en la superficie poseen valores y criterios, asociados a ciertas creencias, que las hacen diferentes. Sin embargo, sin que estas partes se percaten, todas «son parte» de nosotros mismos.

Cuando se emplea la teoría de las partes de acuerdo con el modelo ericksoniano, se tiene presente que la mente consciente desea ejercer control, mientras que la mente inconsciente a menudo se deja llevar por lo que la mente consciente quiere hacer, sin necesariamente estar de acuerdo con ella. Ahí es donde se originan muchos problemas.

Si utilizamos la visión junguiana de las partes, nos encontramos con una riqueza adicional de conceptos, pues este modelo nos dice que cada parte tiene un rol específico para un determinado contexto, junto con ciertas maneras de comportarse propias de ese mismo rol. Consideremos además que cada uno de estos roles tiene sus propios deseos, miedos, necesidades y conflictos, y que subyacen situaciones emocionales y psicológicas complejas cuando estos interactúan.

Como mencionaba, en el modelo ericksoniano, la mente consciente juega un papel importante, pues busca el control a través de la utilización de la lógica y de las expectativas sociales. Ahora bien, a menudo, las situaciones que vive una persona, en términos de las cosas que hace y dice, no son lógicas y, por ende, la mente consciente no sabe cómo explicarlas.

Por ejemplo, si escuchamos a alguien decir: «No entiendo por qué como en exceso, ni sé por qué no puedo dejar de hacerlo, son tremendos atracones». O decir: «No sé qué me impulsa a fumar, conozco los daños que causa el cigarrillo, e igual fumo, e incluso no me gusta hacerlo».

Si leemos con detenimiento lo que está escrito arriba, podemos darnos cuenta de que hay alguien que habla sobre sí mismo, pero no entiende cómo hace ciertas cosas que sabe que no debería hacer. De alguna manera, le falta una información. Es extraño, ¿verdad? La persona está hablando de sí misma, pero como si fuera un otro que no entiende, y la teoría de las partes permite explicar esta peculiar situación.

En el modelo ericksoniano esto se explica a través de la otra parte que es la mente inconsciente. Su lenguaje no es la lógica ni necesariamente la razón, pero sí considera la emoción asociada a procesos que producen beneficios similares a los anteriores y no sabe cómo entregarle esta información a la mente consciente que no la escucha.

Por supuesto, al decodificar cada una de las partes, ya sea empleando el modelo junguiano o el ericksoniano, obtendremos información específica de las necesidades, ansiedades, temores y también perspectivas que podrían ser utilizadas en un proceso de negociación para que las partes involucradas, que pueden ser más de dos, estén todas medianamente conformes y acepten que tienen otras alternativas para vivir su vida.

Como en toda negociación, lo que tenemos será un proceso, donde las partes tendrán que descubrir nuevas posibilidades, internalizarlas para ver lo que ocurriría en sus vidas si las toman o no, y una vez que las vean posibles y las incorporen, deben llevarlas a la práctica. Solo entonces volverán a aprender y descubrir qué otras cosas son necesarias que aún no han sido trabajadas.

El propósito de este trabajo de partes es que estas puedan alinearse para lograr estabilidad emocional y psicológica, y transformar el proceso de cierta resistencia, en un proceso generativo, donde los nuevos desafíos y conflictos que surjan puedan ser resueltos de forma integrada.

2.3. La exploración

La hipnosis ericksoniana modeló las ideas, principios, métodos y marco de trabajo de Milton Erickson, padre de la Hipnoterapia contemporánea, de quien recibe su nombre como homenaje. Esta corriente considera el estado de trance como un facilitador para la integración de las partes. Según Erickson, el estado de trance propicia cambios que no se realizan a nivel consciente en la mente.

Otros métodos de hipnosis también emplean trances, pero a menudo utilizan un lenguaje directivo, como en la hipnosis clásica, donde se dan comandos u órdenes. Esta forma de hipnosis contraviene los postulados ericksonianos, no porque esté prohibido ser directivo, sino porque cada persona es única y requiere una comunicación adecuada y favorable, que difiere de la que se usa con otras personas.

Desde esta perspectiva, Erickson utiliza una mezcla de lenguaje directivo y no directivo, dependiendo del estado interno de la persona, su perfil psicológico y lo que el terapeuta considere necesario para trabajar con el paciente.

Una de las ventajas del estado de trance o hipnótico es la simultaneidad de las experiencias, que pueden considerarse reales. Esto permite utilizar las diferentes «partes» de nuestra personalidad aportadas por los pacientes para que negocien y descubran sus necesidades, llegando a diferentes opciones de acuerdos.

Lo interesante de esta propuesta es que el estado hipnótico puede establecerse mediante técnicas propias de la hipnosis ericksoniana, pero el trance en sí mismo es un fenómeno natural. Por lo tanto, no es necesario ser un experto en hipnosis para utilizar ese estado hipnótico.

Al establecer una comunicación entre las partes, estas surgen y se hacen presentes, siempre que exista un ambiente propicio para que se manifiesten con confianza y crean que tendrán la posibilidad de llegar a un resultado satisfactorio para ellas.

Por ejemplo, simplemente podemos pedir al paciente que imagine que las partes están involucradas en una cierta experiencia, parte A y parte B, y que estas tienen una especie de reunión en la mente del paciente. En esta reunión, las partes comienzan a conversar, dialogar, argumentar y contraargumentar. Al inducir un estado de trance en el paciente, se logra que esté totalmente disociado y consciente de que esa conversación está ocurriendo en su mente. En esencia, la realidad que se está desarrollando en la mente del paciente es simultánea con otras experiencias, lo cual le produce el estado de trance.

El estado de trance en el modelo hipnótico permite trabajar situaciones con alta carga emocional, donde pueden abordarse situaciones pasadas que contengan rabia, ira, tristeza, u otras emociones. El proceso disociativo, incluso con doble disociación, facilitará el acceso a partes de la psique que se están presentando y desarrollando, permitiendo expresar lo que han guardado durante años.

Por ejemplo, supongamos que hay una parte resentida hacia otra parte. La parte resentida anhela haber tenido una infancia feliz y haber disfrutado más. Y la otra parte estaba enfocada en el estudio y la excelencia académica, viendo el juego y la diversión como obstáculos para alcanzar su meta principal.

La parte resentida nunca superó la falta de expresión y siente que su vida es diferente a lo que hubiera deseado, buscando más equilibrio y menos trabajo. El trance facilitará que ambas partes expresen sus emociones y que la parte dedicada al estudio explique qué la llevó a actuar así, dominando las necesidades diferentes. Esta instancia permitirá que ambas partes negocien para que la vida adulta no sea solo trabajo o solo diversión, sino que encuentren un equilibrio y una proporción que satisfaga a ambas.

Como se puede observar, el modelo consciente e inconsciente de Milton Erickson permite que en el inconsciente surjan diferentes partes propias de la vida del paciente. Estas partes tienen la oportunidad, durante el estado de trance, de establecer vínculos relacionales y comunicativos para negociar y llegar a principios comunes.

2.4. La búsqueda del equilibrio

Algo que podríamos considerar inherente a nuestra especie es la necesidad de contar con tranquilidad, seguridad y un sentido, a pesar de que muchos estamos conscientes de que no es posible tener control sobre el porvenir. Pero en algunos casos, nos conformamos con al menos proyectar ciertos anhelos, con la expectativa de que estos se transformen, de algún modo, en parte de esa realidad que trazamos.

Esta percepción, asociada a lo que mencioné anteriormente, nos brinda equilibrio y la sensación de estar centrados. Y, por supuesto, buscamos esa sensación de plenitud y satisfacción que a veces es escurridiza, pero siempre está presente en nuestra mente.

Por lo tanto, existe ese yo interno, o una parte interna nuestra que desea, por ejemplo, tener éxito en el trabajo y, al mismo tiempo, tener buenas relaciones con las personas cercanas, ya sean pareja, hijos, amigos, compañeros de trabajo.

A la vez, nos encontramos con las presiones generadas por la narrativa externa de la sociedad y de otras personas, que a menudo entran en conflicto con nuestras propias proyecciones.

Por ejemplo, supongamos que una persona desee ser promovida a un cargo específico en su organización, o conseguir un proyecto interesante para su carrera y que mejoraría sus ingresos personales, pero otros también están luchando por lo mismo, y no será evidente que la persona de nuestro ejemplo pueda obtener lo que desea con facilidad.

Estar en contacto con nuestro yo interno, implica enfrentar también esas polaridades que existen entre nuestra ambición y la tranquilidad, o entre trabajar más para ganar mayores sumas de dinero y, al mismo tiempo, querer trabajar menos y disfrutar un tiempo importante para estar con los hijos.

Por lo tanto, al tener en consideración la teoría de partes, estamos observando nuestros distintos anhelos, deseos, proyecciones, sueños y emociones de forma estructurada, dándoles un ordenamiento y una clasificación lógica para otorgarles sentido. Cuando están desordenados, cuesta mucho más explicarnos a nosotros mismos, pues, ¡recuerda, esas partes somos efectivamente nosotros mismos!

Esta dificultad para explicarnos reside en la lógica de las emociones, que en muchas ocasiones va en dirección contraria a la lógica cartesiana.

Por ejemplo, podríamos decir: «Quiero pasar más tiempo con mi familia». Sin embargo, sabemos que con el trabajo que tenemos hoy eso no es posible, ya que muchas veces debemos trabajar hasta tarde, algunas veces en las noches y también algunos fines de semana. Además, el trabajo es exhaustivo y es un esfuerzo hacerlo y a la vez mantener el modo de vida actual junto a nuestra familia.

Nuestra conclusión podría ser: «Simplemente no existe otra mejor alternativa para obtener esos ingresos que este trabajo». Entonces, lo lógico de tu declaración es que, si dices que quieres estar más tiempo con tu familia, eso implicará dejar la fuente de trabajo que tienes hoy, adaptarte a los futuros ingresos que pudieras llegar a tener, y así hacer racional tu toma de decisiones.

Sin embargo, tu otra parte, esa parte tuya que te dice «sí, pero no quiero sacar a mis hijos del colegio en el que están ahora, tampoco quiero dejar de vivir donde vivo, etc.», y así sucesivamente, te impulsa a mantenerte en el mismo lugar, pero con un conflicto interno.

Claramente, conflictos como ese generan estrés y desequilibrio, y desde la necesidad inicial mencionada de estar tranquilos y equilibrados, necesitamos llegar a un punto de resolución. Esa resolución pasará, de todas maneras, por encontrar el equilibrio a través de que las partes sean escuchadas y valoradas, y que logren establecer mecanismos y principios de negociación. Esto implica ganar y perder, pero no mantener el statu quo actual. Entonces existe la sensación de que una gana y la otra pierde, donde muchas veces la parte que pierde comunica su desaprobación a través de mensajes somáticos, como migrañas, cefaleas, úlceras, problemas dermatológicos, colon irritable, entre otros síntomas.

Por supuesto, muchas de las situaciones que podríamos resolver se solucionan desde el punto de vista de proyectarse en el estado presente, ya que el pasado no existe y el futuro aún no ha llegado.

Lo anterior es un pensamiento racional y se puede entrenar a través de la autohipnosis, meditación o mindfulness, donde, igualmente, a la persona no se le hace sencillo vivir en «tiempo presente».

El hecho es que estamos inmersos en «esta» sociedad, la cual tiene constructos que conllevan seguir ciertas reglas asociadas a valores y creencias. Y debemos tener consciencia de que una vez que estamos insertos en ella, nos vemos impulsados a seguir sus reglas, pues salirse de ellas tiene costos sociales y emocionales que no son sencillos de anticipar.

Por lo tanto, la relativización y consideración de cada una de esas reglas –que probablemente son transmitidas por las partes–, ayudarán mucho a entendernos de forma gentil y compasiva, para reconocer nuestra propia humanidad, cultivando esa sensación de necesidad de estar en sociedad y valorando las cosas y personas que realmente son importantes para nosotros como individuos. Así, estaremos ayudando a que nuestras diferentes partes puedan encontrar el equilibrio buscado.

Por supuesto, esa búsqueda de equilibrio se extiende de por vida, es un continuo en este viaje de aprendizaje, autoconocimiento, comprensión y aceptación de nuestra humanidad, con todas nuestras virtudes y defectos.

Una vez que eso se haga presente y las partes y el yo mismo logren conocerse en toda su dimensión humana, hay una alta probabilidad de que el centro de la persona sea cada vez más fácil de alcanzar, hasta el punto en que el yo pueda habitarse en su propio centro.

3. El viaje, los elementos y los personajes

3.1. El viaje

Seguramente tenemos un conocimiento intrínseco muy claro de lo que es un viaje. Por supuesto sabemos que es un desplazamiento físico entre dos puntos, al menos. Este desplazamiento se puede realizar a través de diferentes medios, por lo general, utilizando vehículos de transporte, y existen muchas alternativas para eso.

También se puede hacer un viaje de manera metafórica, y que podría percibirse como un viaje espiritual, algo que trasciende el desplazamiento meramente físico. Esta concepción es muy importante, ya que puede tratarse del arco mismo de nuestras vidas, desde que nacemos hasta que morimos. Pero podríamos ir más allá, ya que dependiendo de la cultura, la filosofía y el sistema de creencias que uno tenga, podría considerarse que este viaje parte desde el origen de los tiempos hasta un final que podría o no ocurrir.

Algunas veces hablamos de viajes emocionales que van más allá del significado literal también, y muchos filósofos a lo largo de la historia han ofrecido concepciones e interpretaciones especiales al concepto memético de la palabra «viaje».

Desde el punto de vista del existencialismo, Jean-Paul Sartre expresa que para el ser humano, un viaje es también un proceso de autorrealización y construcción de su identidad, donde los individuos van decidiendo sus caminos y sus significados a través de las elecciones que toman.

Friedrich Nietzsche nos habla de un viaje interior donde descubrimos nuestra propia naturaleza para eventualmente superar las reglas impuestas por la sociedad. Y dichas reglas sociales pueden ser vistas desde muchas ópticas diferentes.

Ahora bien, no todo viaje implica un cambio, ni mucho menos una transformación. Gran parte tiene que ver con lo que el filósofo Heráclito decía sobre cuán alerta estoy yo a los cambios, para describir las naturalezas transitorias de mis realidades, ya que siempre estoy en un movimiento y cambio permanente.

Nosotros tomaremos aquí el concepto de viaje como algo propio de nuestra historia. Una historia que comienza cuando nacemos y que tiene su desarrollo en nuestro propio proceso de crecimiento, así como en nuestra finitud, con nuestra muerte.

Sin embargo, independiente de que nuestra historia comience con nuestro nacimiento, la realidad es que empieza mucho antes. No necesariamente porque queramos traer a colación vidas pasadas. Estoy hablando de algo mucho más lógico que se conecta con nuestra estructura social.

Nuestros padres, los padres de nuestros padres, es decir, nuestros abuelos, bisabuelos y tatarabuelos, y así sucesivamente hacia atrás, ya iniciaron su viaje sin que lo supiéramos. Su origen, su cultura, sus historias, sus dramas, sus anhelos, sus amores y desamores, peleas y rencillas, llegan a nosotros, ya sea porques las sentimos, las vivimos, porque nos lo han contado o porque todos en la familia lo saben. O sencillamente, gran parte de lo que tenemos y vivimos también está y hace parte de nuestro ADN.

3.2. El viaje y sus elementos

Nuestro viaje, que es un recorrido a través de nuestra historia, puede comenzar en el punto donde consideremos que obtenemos más significado. Algunos elementos siempre han estado presentes en nuestra vida, aunque no necesariamente hayamos tomado consciencia de cuáles han sido aquellos elementos que nos han formado y en los cuales hemos tenido que desarrollarnos, luchar y salir adelante.

Es cierto que cada uno de estos elementos que presento a continuación puede ser interpretado tanto de forma metafórica como literal. También en lo que Ken Wilber llama las grandes tradiciones se emplean como parte de la cultura simbólica o de las tradiciones espirituales. Las interpretaciones que les podamos dar son, por lo tanto, libres, y forman parte de nuestra conexión emocional única, independiente de las interpretaciones que yo pueda transmitir a continuación.

3.3. El agua

Como bien sabemos, el agua es un elemento fundamental en nuestras vidas y en nuestro planeta, ya que permite que los seres vivos continuemos existiendo. Del agua surge la vida y de ella obtenemos parte de nuestro sustento.

Además, el agua es un símbolo utilizado en muchas de las antiguas tradiciones de la humanidad. Viajar a través del agua a menudo representa explorar las profundidades de la mente inconsciente, sumergirse en lo más profundo de la psique y encontrarse con simbolismos de renovación, limpieza y purificación.

De acuerdo con estos distintos simbolismos, podemos detallar algunos elementos propios de la conexión con el agua:

Uno de los simbolismos más comunes asociados al agua es el de la pureza. A través de rituales, quienes se encargan de ceremonias utilizan el agua como metáfora para eliminar impurezas, lavar y expiar aquello que forma parte de la vida de una persona.

Por ejemplo, en el bautizo se utiliza agua para marcar la incorporación del bebé a una tradición religiosa. También existen abluciones en las que la persona es sumergida en el agua por un sacerdote, y se emplea el lavado de pies para limpiar el alma y el espíritu. Además, en muchas ocasiones, consideramos las lágrimas como un «bálsamo» que liberamos para purificar nuestras penas.

El agua también simboliza el movimiento, la renovación y el flujo constante, permitiendo que los cambios futuros se desarrollen de manera fluida y natural. El agua tiene la capacidad de adaptarse a diferentes situaciones. Si observamos la corriente de un río, veremos que en un corto periodo de tiempo no muestra distinciones notables, y el agua que lo compone es siempre la misma, renovándose permanentemente.

Otro simbolismo asociado al agua es la tranquilidad o la fuerza, dependiendo del contexto. Podemos contemplar la serenidad frente a un lago en un día de viento apacible, mientras que en otro día, una tempestad en el mar representa fuerza y vitalidad. El agua refleja diversos estados emocionales internos, así como las diferentes formas en las que se presenta, ya sean fuertes lluvias, lloviznas, tormentas, entre otras.

Un concepto adicional asociado al agua es la esencia de la vida, que está ligada a la fertilidad. Nacemos en un medio líquido y, por lo tanto, asociamos el agua con el inicio de nuestra travesía desde el mundo interno de nuestras madres hacia el mundo externo.

El agua también representa el renacimiento y la transformación, elementos presentes en los rituales de distintas culturas. A través del contacto con el agua, una persona pasa de una etapa específica a otra, convirtiéndose en un elemento transformador en este proceso simbólico.

Es importante tener en cuenta todos estos conceptos al comprender que «forman parte» (teoría de partes) de lo que nuestra mente inconsciente emplea al encontrarse con el elemento agua. Sin embargo, y probablemente para todos, el significado más profundo y siempre presente es el de la vida, ya que la necesitamos en cada momento de nuestra existencia.

3.4. El jardín

Para muchos de nosotros un jardín es un lugar donde hay plantas, flores, arbustos, tierra, pasto, con distintos colores, que armonizan un área o espacio que habitamos. Es una fuente de trabajo para muchos y cuesta mantenerlo tal y como ha sido diseñado o concebido.

Asumimos que el jardín tiene una estructura intencional o un cierto propósito, pero al mismo tiempo, como bien sabemos, en el mundo del simbolismo, un jardín es más que solo ese conjunto de plantas.

También podríamos decir que un jardín es un lugar de crecimiento, y tranquilidad, que invita a admirar la belleza de los distintos matices, colores y aromas que pueden estar presentes.

Sin embargo, tanto a nivel personal como colectivo, un jardín puede conllevar muchos otros conceptos e interpretarse dependiendo del contexto cultural y de los memes históricos que le otorgan características artísticas y espirituales.

Por ejemplo, un jardín podría significar el ciclo de la vida, donde se siembra una semilla o se planta un pequeño brote que pasa por un desarrollo cíclico. A medida que crece, aparecen las flores, las cuales cambian de forma y color dependiendo de las épocas del año, ya que también son sensibles al agua y la temperatura. En algún momento, estas flores pueden renacer, luego decaer, y quizás morir. Por lo tanto, la metáfora de los ciclos de la vida está presente en un jardín.

Otro significado que se entrega directamente como metáfora y simbolismo es el de crecimiento y desarrollo personal, ya que existe todo un ciclo asociado a la vida de las plantas y flores, similar a los seres humanos.

Estos son dependientes del contexto en el que están plantados, es decir, del entorno en el que se encuentran, y este contexto también está sujeto a factores externos como el clima y las temperaturas.

También encontramos la analogía sobre la multiplicidad de elementos que componen el sistema llamado jardín, similar a la conformación social y emocional que tenemos en nuestro interior.

Desde esta perspectiva, podríamos decir que muchas veces el estado de un jardín, cuando es mantenido por una persona, refleja muy bien su «jardín (estado) interno», es decir, cómo cuida y percibe el manejo y la gestión de aquello que le es importante y a lo que entrega cariño.

Considerando lo anterior, se asocia también el cuidado que alguien tiene por sí mismo, pues mantener un jardín no es una tarea sencilla, sino que requiere mucho esfuerzo, atención, responsabilidad y consideración. Por lo tanto, cuando hablamos del jardín, estamos hablando de cómo una persona percibe a su familia, su entorno inmediato y sus afectos, entre otros aspectos.

En las tradiciones judeocristianas, el jardín muchas veces está asociado al paraíso, como el jardín del Edén, donde existe una proyección de un lugar ideal, un paraíso perdido.

Esta proyección a menudo se considera como nuestra aspiración a lo que nos gustaría vivir en nuestras vidas. Para otras personas, el jardín podría ser simplemente una actividad de recreación o de expresión creativa y artística, donde dar rienda suelta a sus percepciones de aromas y colores, para generar espacios con imágenes y formas que, en el fondo, son como pinturas.

Para tener una clara idea de cómo estas imágenes son marcos de recuerdos de situaciones específicas de bienestar y felicidad, podríamos evocar los jardines de la infancia.

Un jardín se constituye como una pluralidad de elementos que lo conforman, donde deben convivir, asociados a un sistema con una unidad, pero al mismo tiempo respetando las diversidades y necesidades que cada planta requiere. Y si lo pensamos, esto es bastante parecido a lo que nosotros, como seres humanos, tenemos que vivir en nuestro día a día.

Para muchos, el jardín es, de acuerdo con la tradición budista, una especie de espacio sagrado donde se puede estar con una atención plena en el presente, facilitando la autohipnosis, la meditación y el mindfulness, por ejemplo.

Además, después de nacer, nuestros primeros pasos muchas veces, algo torpes, ocurren en un jardín o parque. En este lugar podemos correr y ensuciarnos, tenemos la posibilidad de jugar con agua y barro, probar el sabor del pasto y la tierra, e incluso morder alguna hoja o flor.

En el fondo, el jardín es parte del inicio de nuestros juegos, hasta el punto de que cuando tenemos nuestros primeros contactos con una educación formal, asistimos a lo que llamamos «jardín infantil» o simplemente «el jardín».

3.5. El desierto

Es probable que al pensar en un desierto, de forma inmediata nos venga la idea de mucha arena y ausencia total de agua, o incluso un oasis a la distancia.

Dependiendo de la imagen que tengamos de un desierto, podríamos imaginar que hay animales u otras formas de vida propios de ese lugar, considerando que los desiertos que existen en África difieren de los que hay en Sudamérica o en Australia, por ejemplo.

Un desierto también es más que eso en términos de descripción. Es un lugar muy aislado, con temperaturas máximas y mínimas extremas, donde sobrevivir implica un gran esfuerzo, energía, entereza y fuerza para sobrellevar las adversidades que conlleva.

Ahora bien, el desierto tiene muchos simbolismos e interpretaciones variadas dependiendo del contexto filosófico, histórico, espiritual y artístico, de los cuales me gustaría mencionar algunos.

Por ejemplo, para muchos, la soledad y el aislamiento respecto de otras personas lo consideran como vivir en un desierto, ya que en esa situación experimentan una aridez emocional en la que deja de existir la posibilidad de conectarse con otros.

Es muy similar a lo que puede ocurrir con un caminante errante en un desierto, donde por muchas ganas que tenga de contactarse con otros seres, simplemente no le es posible.

Para algunas personas, el desierto significa lo desconocido, pues al imaginarse caminando en esa infinidad de dunas, no saben lo que va a venir después, si otro valle de dunas o algo distinto, ya sea vestigios de seres humanos o animales que signifiquen cercanía con otras personas.

Por lo tanto, para muchos, este lugar desconocido siempre trae un sentido de misterio, de no saber si existe una salida al final de ese caminar o una esperanza que aparezca y los retorne a la vida.

También decir que «se enfrenta un desierto» significa que se está llevando una travesía en un lugar árido, con escasez de todo tipo de recursos, como agua y comida, y contacto humano, con variaciones de contexto, que no tienen predicciones específicas. Al mismo tiempo, significa estar siendo puesto a prueba con tantas dificultades.

Por otro lado, decir que «alguien ha atravesado un desierto» implica medianamente un logro de adaptación, templanza, fuerza y resiliencia, ya que para sobrevivir a un desierto es notable el esfuerzo y la energía que se debe desarrollar como capacidad humana para resistir sus embates.

Para quienes tengan una visión minimalista, podríamos decir que el desierto trae una estética de belleza única y austera, en la cual los colores se funden en uno solo con fuerza y energía, y un componente de simplicidad. La dureza y lo árido se conectan con la amplitud del cielo y sus colores, contrastando con los distintos matices que presenta la arena en su conjunto.

En algunas tradiciones espirituales, el desierto es un lugar de renacimiento y purificación, como en la tradición judía o cristiana, o un lugar de penitencia y abstención.

Para muchos de nosotros, la transición entre la infancia y la adolescencia significa entrar en un espacio desconocido y abierto, donde nos falta todo aquello que aún no sabemos que deberíamos tener, y empezamos a atravesar nuestro propio desierto, construyendo nuestro camino de muchas maneras diferentes, propias de cada una de nuestras vivencias y anhelos. En esta transición, a menudo caminamos solos, o a veces con algunas pocas personas que están a nuestro lado y que comparten experiencias con nosotros.

3.6. El fuego

Aprendemos a una edad muy temprana qué es el fuego. Al ser muy pequeños, probablemente desconocedores del peligro que el fuego encarna, las personas que estuvieron cerca de nosotros nos dieron un grito, o nos alertaron con fuerza y vehemencia sobre el peligro que existía en él. Incluso puede que hayamos tenido contacto con el fuego y nos hayamos quemado o hecho alguna herida. Entonces, el aprendizaje no solamente fue por medio de un mensaje externo, sino también a través de nuestra propia experiencia.

Hablar del fuego es conectarnos con un proceso químico de oxidación que libera calor, luz y varios subproductos, como el dióxido de carbono, entre otros. Es considerado una reacción de combustión en la cual hay un oxidante –muchas veces el oxígeno–, que produce calor y además genera complejidades asociadas a la intensidad de esa combustión y reacción química.

También sabemos que cuando quemamos algo sale fuego, y que ese calor fácilmente arde, y puede utilizarse como fuente de energía. Por ejemplo, las centrales eléctricas antiguas utilizaban carbón, o los calefactores que emplean leña, o cuando usamos el fuego para cocinar. Es decir, el uso del fuego es múltiple y puede ser visto de forma positiva o negativa.

Y claro, a lo largo de la historia, nosotros como predadores que hemos sido, también hemos utilizado el fuego para diferenciarnos de otros depredadores, para asustarlos y mantenerlos a distancia.

También se ha empleado en distintos ritos como parte de ceremonias de purificación e iluminación, asociado a transformaciones.

Es aquí donde nos encontramos con que el fuego para nosotros es más que el fuego, pues es también un símbolo, y en términos de meme, este varía de contexto en contexto y de época en época.

Por ejemplo, el primer significado que podríamos atribuir al fuego, en términos simbólicos, es que significa pasión e intensidad del amor asociada a las emociones, así como también podría representar rabia.

Seguramente hemos escuchado a algunas personas decir «y todo se volvió rojo», expresión relacionada con el fuego y nuestras experiencias.

También es un símbolo que se conecta con nuestra propia vida, pues sabemos que nuestra sangre es roja, por lo tanto, fuego y sangre a veces son simbolizados a través del mismo significado y color.

Otra connotación interesante que se vincula con el fuego es el del cambio y de la transformación. Por ejemplo, si somos héroes o heroínas viajando o caminando a través del fuego, luchando contra los avatares asociados a esas dificultades, al final, una vez que logramos salir airosos, hay un proceso de renacimiento y purificación. Existe el deseo de transformación, y esa meta o propósito, que se logró con tenacidad y un deseo férreo, es parte de una personalidad fuerte.

También, en muchas de las antiguas tradiciones espirituales y religiosas, el fuego es visto en tanto agente transformador y purificador, o relacionado con el mal, dependiendo del contexto en el cual el sistema de creencias está dispuesto.

Otro simbolismo está vinculado al peligro y a la destrucción, donde puede existir caos, desorden y ruina asociado al desmoronamiento de un sistema. Por ejemplo, seguramente habremos escuchado frases como «las llamas del fuego destruyeron las casas». Podríamos estar pensando en términos de incendios, pero en términos simbólicos estaríamos hablando de que las casas son el interior de las personas y que ese fuego cambió el interior –o la configuración socioemocional– de estas.

En algunas culturas religiosas, el fuego es parte de los rituales para encaminar a sus creyentes hacia un proceso de iluminación y revelación, o prueba de entereza y fortaleza, donde representa la sorpresa de lo que está más allá del mismo fuego y/o el logro de haber superado una prueba necesaria para dar un salto jerárquico en su escala de desarrollo.

También podríamos considerar que el fuego es parte de nuestra historia, ya que una vez que estamos atravesando el desierto y llegamos a nuestra adolescencia, nuestras hormonas empiezan a manifestarse, comenzamos a tener necesidades de satisfacer carencias socio-emocionales, necesidades de afecto, necesidades sexuales y de descubrir nuestra identidad. Todo esto con mucha intensidad y pasión, propias del «fuego», que puede tener un desarrollo que amerita cuidado debido a su impredecibilidad de manejo.

3.7. El bosque

Claro que también sabemos de forma intuitiva lo que es un bosque y lo asociamos con un conglomerado de árboles y arbustos que están plantados de manera cercana, conformando un nicho ecológico específico en una extensión considerable de tierra, en la cual muchas veces no se percibe el horizonte debido a que los árboles lo cubren.

En él existe toda una ecología que se conecta con infinitas especies, desde microorganismos hasta nuevas plantas, hongos, pájaros y animales, dependiendo del tipo de bosque y las condiciones de la tierra y el clima.

Pero para nosotros, el bosque es más que un bosque.

Puede representar el ingreso en lo desconocido, para descubrir misterios, o embarcarnos en un viaje que nos impulsa a explorar y enfrentarnos a nosotros mismos en nuestros miedos, anhelos, revelaciones y pasiones.

En términos de las grandes tradiciones, podríamos mencionar que, dependiendo de la visión filosófica, la época histórica, y la perspectiva artística, el bosque puede tener diversos significados.

Uno de los significados menos evidentes para todos nosotros es que el bosque es vida. Es la expresión que reside en la misma naturaleza, rica en diversidades y en su estado más puro, donde el ambiente se mantiene intacto. Desde ahí radica la importancia de preservarlos como un organismo que forma parte «vital» de nosotros mismos, y que además nos permite sobrevivir en el planeta.

También podríamos hablar de un bosque que representa caminar de forma aislada, independiente de si se está acompañado o no. En este entorno y contexto poco común o favorable, la sensación de soledad se intensifica debido a los diferentes sonidos, olores, texturas y colores, lo que nos lleva a una reflexión interna e introspectiva mientras lo atravesamos.

Para muchos, un bosque podría significar el misterio de cada paso hacia un área de no control, donde lo desconocido puede ocurrir en cualquier instante y donde lo conocido y lo misterioso se juntan con eventuales peligros, dependiendo del tipo de bosque que se esté recorriendo.

Asimismo, los bosques asociados a caminatas que toman tiempo e implican cierta dificultad, dependiendo del terreno en el que se encuentra el caminante, adquieren el significado de prueba y desafío en sus habilidades. En estas pruebas, pueden aparecer peligros, y muchas veces significan un enfrentamiento consigo mismo.

Los bosques son lugares de contemplación y admiración por su belleza, conformación, diversidad y equilibrio en cuanto a la sustentabilidad de su sistema. En ellos, distintas especies y formas de vida logran convivir, lo que implica el significado del crecimiento, la resiliencia y la renovación permanente, como en un ciclo de vida.

Para nosotros, un bosque también podría representar haber logrado salir del fuego, es decir, haber terminado ciertas etapas y pruebas, y encontrarse ahora con un sinfín de nuevos desafíos, de conocer, aprender, amar y sufrir, y desarrollarse con nuevas personas, dando inicio a una nueva travesía en la vida.

En esta nueva travesía, nuestro estado interno nos guiará para entender dónde existen los peligros y los espacios de contención y admiración por la belleza a lo largo del camino.

Un bosque también es un gran espacio de travesía en el cual el desafío está siempre presente en el próximo paso a dar, sorprendiéndonos con lo que está adelante, ya sea que nos traiga cosas positivas o no tan positivas, en una primera impresión.

3.8. El cielo

Ya conocemos el significado que tiene el cielo en términos de meteorología y astronomía, pues es una extensión que vemos arriba de la tierra y que se asemeja a un fragmento de una gran circunferencia. Lo contemplamos desde el horizonte hasta una lejana pasión, a través del cual también observamos nubes, estrellas, el sol y elementos propios de la naturaleza asociados a fenómenos atmosféricos.

Pero aquí existe un significado muy trascendental vinculado al cielo, principalmente porque proviene de las grandes tradiciones, donde es visto como un reino espiritual o donde habitan ciertas divinidades, implicando esfuerzo para poder alcanzarlo y trascender en términos de orden moral, ético y espiritual.

Otro significado que podríamos atribuir al cielo es en tanto morada de dioses y espíritus, así como de nuestros seres queridos que alguna vez vivieron y ya no están, y ahora lo habitan como difuntos.

Curiosamente, está asociado con el significado de transcendencia, paz y felicidad, como si alcanzar el cielo fuera un objetivo importante en el cual encontraremos la felicidad y el mundo será perfecto y pacífico, según muchas creencias religiosas. Por supuesto, el significado también depende de la filosofía que empleemos, de las tradiciones espirituales que tengamos presentes y del contexto histórico que le dé cierta connotación.

Otras asociaciones y significados se relacionan con los sueños que alguien pudiera tener, conectados con lograr aspiraciones, apuntando hacia el cielo como símbolo del logro de metas y objetivos concretos.

En ocasiones, el cielo puede significar tranquilidad y paz, llevándonos a un lugar metafórico donde todo es serenidad y calma. Por lo tanto, alcanzar el cielo se convierte en un objetivo esencial, una de las aspiraciones humanas más importantes.

Es interesante notar, que en esta alegoría de lograr la paz y la tranquilidad, se debe trabajar por ella siguiendo los preceptos del sistema de creencias correspondiente. De no cumplir con esos preceptos y reglas, lo más probable es que no se logre llegar al cielo; y en algunas épocas de la historia, se creía que quienes no lo lograban iban al infierno, curiosamente representado por el fuego.

Todo el cielo puede significar el infinito, ya que nosotros vemos esa gran bóveda celeste –azul claro si el día está despejado–, pero no sabemos qué hay más allá. Por ende, ese infinito se conecta con la libertad y la posibilidad de saltar barreras, donde el cielo encarna ilimitadas oportunidades que vivir y lograr.

En algunas tradiciones religiosas y espirituales, el cielo se asocia con el lugar divino donde habitan los dioses y seres que representan un estado de pureza inigualable, y los hombres inmortales desean alcanzarlo para acercarse a esa divinidad.

Por otro lado, el cielo también significa muchas veces una meta y un objetivo muy difícil de alcanzar, lo cual lo hace parecer imposible y fuera de nuestra capacidad. Sabemos que representa la perfección y la pureza, algo que la humanidad no puede lograr plenamente, por lo que el cielo se convierte en un objetivo inaccesible.

Un significado intrínseco –que quienes practicamos hipnosis sabemos que está siempre presente– es que mirar al cielo produce tranquilidad y paz. Al mismo tiempo, esta acción está asociada a la serenidad, que invita a una introspección y puede inducir un trance hipnótico.

Tras haber vivido muchas experiencias y haber transitado por el bosque durante muchos años, en algún momento salimos de él y lo primero que miraremos al salir del «bosque» probablemente será el cielo, pues ese es el camino que nos llevará a nuestro destino final. Queremos vivir y recibir aquello que pueda estar allí, o incluso si queremos aferrarnos a donde estamos, sabemos que no será posible.

Bajo esa perspectiva, nos imaginamos mirando desde el cielo, mirando el bosque, el fuego, el desierto, el jardín y el agua, y todo el tiempo que ha tomado esa travesía.

4. Los personajes

4.1. La persona

Dentro del constructo y universo psicológico de Carl Jung –y teniendo presente la teoría de partes–, algo esencial en su modelo de la psique humana es lo que él llama «persona». Esta se refiere a la fachada social que empleamos y mostramos en el mundo exterior, y muchas veces se confunde con nuestra imagen y la percepción que queremos que otros tengan de nosotros al mirarnos.

Esta parte nuestra tiene negociaciones con nuestro «yo interno» y con las necesidades, expectativas y presiones que el mundo externo nos impone. Podríamos decir que es una fachada importante que utilizamos, y encarna un aspecto relevante de nuestra personalidad, ya que con ella nos presentamos, o creemos que nos presentamos, hacia otras personas que nos ven.

Podríamos decir también que los conceptos de «persona» y de «máscara» son sinónimos, aunque ya veremos la pequeña distinción entre ambos.

La «persona» puede adaptarse a los distintos espacios y roles en los que nos encontramos, ya que es bastante «social» y dependiente del contexto para mostrar su conducta. En ocasiones, se ve como el papel de un actor que debe representar tal cual como lo hacían en la antigua Grecia, –como aquellos que se vestían con el carácter y el yo interno de distintos personajes de teatro–.

Parte de la teoría de Jung –que es bastante compleja–, propone que podría ocurrir una transformación en nosotros mismos al convertirnos en la misma persona que hemos creado para los demás. Sin embargo, en el fondo, esta persona es solo una parte de nosotros y no representa nuestra totalidad, por lo que no cubre todo lo que realmente necesitamos, deseamos y queremos vivir.

El desafío para todos nosotros es lograr un equilibrio entre nuestro yo interno y la persona que mostramos al tener interacciones sociales.

Debemos encontrar una negociación que sea real, auténtica, honesta, y que permita una adaptación a los distintos contextos, donde podamos ser nosotros mismos, pero al mismo tiempo debemos jugar el papel que se nos pide representar.

Aquí no tengo el propósito de desarrollar toda la teoría de Jung, ya que eso escapa al propósito de este texto; sin embargo, quiero comentar que la «persona» es una de las tantas partes de las que este habla.

Existen a su vez, por ejemplo, el animus (nuestro aspecto masculino), el anima (nuestro aspecto femenino), que forman parte de nuestra estructura de personalidad. Además está el «yo mismo», llamado «self», donde nos encontramos con la personalidad completa; y en este modelo también se considera la «conciencia» o consciente y la mente inconsciente.

4.2. La máscara

Es cierto que en gran parte de la literatura psicológica analítica de Carl G. Jung, muchas veces se usan de forma indistinta los términos «máscara» y «persona». Lo que ocurre es que ambos términos significan que no somos completamente auténticos frente a otros.

Podríamos decir que la «persona» se conecta mucho más con el rol o papel que se desempeña en la sociedad, presentándose de una manera distinta en términos de su posición social. Pero en muchas ocasiones, independientemente de ese rol, nos ponemos una «máscara» y con ella fingimos cosas que quisiéramos decir o externalizar, que podrían ser propias o no del rol, pero que igualmente no forman parte de nuestra verdadera personalidad.

De ahí la similitud y la distinción, porque al adoptar un papel como persona, muchas veces también va añadida la máscara. Pero en algunos casos, simplemente usamos la máscara, incluso siendo nosotros mismos, para protegernos o para proteger a otros de algo que pensamos, lo que a veces se llama «mentira blanca».

Por lo tanto, si la persona lleva una máscara, ya representa un papel. La máscara expresa una faceta de nosotros que no queremos mostrar en este mismo instante, donde hay una simulación, una falta de autenticidad, para esconder nuestro verdadero ser a través de esa fachada.

En algunas situaciones, se entiende que hay un equilibrio y un desequilibrio entre lo que es la máscara de nosotros mismos y la máscara que usamos como persona, donde eventualmente estamos impulsados a establecer una cierta conducta para mostrar conformidad con las normas propias de la estructura social.

Podríamos decir que la máscara, en general, es un papel engañoso en cualquier contexto, pues se trataría centralmente del rol social que se adopta para establecer un marco de adaptación.

La simultaneidad o el intercambio de ambos implican situaciones sociales que muchas veces ameritan conflictos con nuestro propio ser, principalmente cuando esos conflictos se mantienen en el tiempo.

Los conceptos asociados a la persona se contraponen a lo que Carl Jung llamó «la sombra», siendo esta, en términos de psicología analítica, una de las primeras fases de un proceso de comprensión de un paciente.

En términos simples, la sombra, para Jung, es el polo opuesto de la persona, aquella parte más oscura de la personalidad que posee ciertas conductas no adaptadas, que residen en el inconsciente e incluyen aspectos de nosotros mismos que el individuo rechaza, ya sea no reconociéndolos o dejándolos de lado.

4.3. Los arquetipos

En la sección donde vimos las partes según el modelo jungiano mencionamos los arquetipos y su vínculo con estas. Ahora retomaremos esta noción para integrarla más adelante junto a la sombra.

La RAE define 'arquetipos' de las siguientes maneras:

m. Modelo original y primario en un arte u otra cosa.

2. m. Ecd. Punto de partida de una tradición textual.

3. m. Psicol. Representación que se considera modelo de cualquier manifestación de la realidad.

4. m. Psicol. Imágenes o esquemas congénitos con valor simbólico que forma parte del inconsciente colectivo.

5. m. Rel. Tipo soberano y eterno que sirve de ejemplar y modelo al entendimiento y a la voluntad humanos.

En el trabajo terapéutico, los arquetipos permiten enfatizar de forma indirecta la capacidad y los recursos relacionados con el juego simbólico de las imágenes invocadas. Y algunos arquetipos son, por ejemplo, el niño, el guerrero, el mago, el sanador, que describimos brevemente en la siguiente tabla:

	Niño	**Guerrero**	**Mago**	**Sanador**
Objetivo	Conoce	Fuerza	Todo	Esperanza
Tarea	Jugar	Tener coraje	Alegrar	Ayudar
Miedo	Desamor	Debilidad	Superficialidad	Falsedad

Otros ejemplos de arquetipos son el inocente, el mártir, el huérfano, el héroe, el rey, el amante, la reina, la madre, etcétera.

4.4. La nada

Algunas personas conectan el concepto de «la nada» con «la sombra» de la psicología de Carl Jung, como si esta fuera un aspecto de nosotros mismos que reconocemos, pero eventualmente no aceptamos, e incluso llegamos a rechazar. Bajo esta mirada, se sentiría como un vacío, una parte de nosotros mismos negada o ignorada. En ese caso, para algunos, la interacción de «la nada» con «la persona» y su «máscara» podría generar conflictos internos y conflictos entre partes.

Sin embargo, no existe una teoría específica de Jung ni de Erickson asociada al concepto de «la nada». Más bien, se vincula a ciertas tradiciones filosóficas que hablan sobre la ausencia como el otro lado de la existencia del ser, es decir, un opuesto a la vida existencial o una falta de sentido.

Entender el concepto de «la nada» es importante porque muchas personas a veces carecen de metas y objetivos, lo que las lleva a un estado de profunda depresión.

Esto puede estar relacionado con una ausencia de conocimiento acerca de quiénes son, una desconexión con sus propósitos, disociados de sus intenciones, voluntades y del mismo entorno.

Según ciertas filosofías, como el existencialismo de Jean-Paul Sartre, por ejemplo, «la nada» o «le néant» en francés, se refiere a la idea de que la vida carece de un significado propio y que somos nosotros quienes encontraremos nuestro propósito y sentido.

En este caso, también podríamos tomar como significado la ausencia de una trascendencia o propósito específico en el vivir para el ser humano.

Para Sartre, los seres humanos son el significado en sí mismos; y en la ausencia de este saber esencial, ganan significado cuando eligen las acciones y toman sus decisiones. Negar el concepto de que la naturaleza humana tenga un sentido y que ella misma venga con un significado es propio del individuo, según Sartre. Esto conlleva una carga importante en la toma de decisiones, de saber quiénes somos y de la responsabilidad de nuestras decisiones, acciones y elecciones.

A veces, esto está conectado con el espíritu de la angustia y la desesperanza, ya que al no tener un propósito, surge la pregunta de cómo seguir adelante en la ausencia de alguna deidad, o una entidad a la cual podamos acudir con nuestra naturaleza humana. Sartre invita a que nosotros, como humanos, seamos responsables de nuestras vidas a través de la autenticidad y elección absolutamente consciente.

Se podría decir que este concepto nos lleva a un estado de tristeza, eventualmente angustia y miedo, debido a la alta carga de responsabilidad que enfrenta el ser humano. Por otro lado, se podría argumentar que este concepto también implica que nuestra vida depende de nosotros mismos –lo que en el fondo sería positivo–, de los significados y alegrías que construimos, y de comprender lo que es importante, haciéndonos cargo de lo que ocurre y lo que no, y sus consecuencias.

Desde el punto de vista terapéutico, muchas veces se hace una conexión, –a veces no acertada, pero existente–, donde una persona, en un profundo estado depresivo, dice que no quiere nada, y que tampoco quiere hacer nada, que no siente nada y que está como anestesiada.

De acuerdo a la comprensión del concepto de «la nada», podríamos buscar el lado dialéctico y detectar que la persona que se encuentra en el estado de la «nada» es porque añora otro estado que no está presente para él o para ella, y en este momento podría hallar el inicio de un camino para recorrer, ya que descubre en la ausencia, la presencia que necesita.

4.5. La sombra

«La sombra» es un arquetipo que deriva de un pasado pre-humano. Sería el «lado oscuro» del self, de nuestra personalidad, aquella parte de nosotros que ocultamos o reprimimos y que aparentamos no poseer. Incluso podemos ignorarla y fingir que no es parte de nosotros, aunque esto nos impide vivir de manera integrada. Nuestra parte negativa o «diabólica» también se encuentra en el espacio de la sombra.

Cabe mencionar que esta es amoral; no es ni buena, ni mala. Es inocente. Es una parte de nosotros que nos conforma desde que nacemos y desarrollamos nuestra personalidad. Es casi como un animal, pues un animal puede cuidar su prole, pero puede también ser un asesino y no escoge serlo, solo es así. Desde una perspectiva humana, el mundo animal es «brutal». Por lo mismo, deseamos eliminar nuestra sombra, evadirla, obviarla, en lugar de enfrentarla, asumirla, integrarla.

Bajo esta mirada se relaciona a «la sombra» con un «basurero» de aquellas partes de nosotros que no queremos admitir.

4.6. La alerta

Muchas veces asociamos el concepto de «alerta» con un estado de tensión propio de alguien que anticipa algún evento o suceso que pudiera ocurrir en un momento no especificado. Esta acción o suceso en sí no tiene un significado positivo o negativo, pero exige que la conciencia esté presente para estar preparada cuando ocurra el evento.

En términos psicológicos, podría tener un significado vinculado a la representación de nuestra propia conciencia o una parte de nosotros que tiene la competencia de procesar una cierta cantidad de variables simultáneamente.

La «alerta» podría estar presente para interactuar y reconocer, como metacognición, en qué momento estamos empleando la conciencia, y para observar y reconocer nuestro comportamiento y emociones de manera disociada. Con esto se hace posible comprender mejor quiénes somos en ciertas instancias, principalmente en los momentos en los que estamos en conflicto con nosotros mismos y/o con el mundo externo.

Desde distintas escuelas filosóficas, la alerta podría conectarse con diferentes conceptos y contextos, siempre relacionados con nuestra conciencia, nuestra focalización y atención, y la percepción que le entregamos a nuestros sentidos.

Por lo tanto, podríamos decir que «alerta» significa un estado de conciencia en el que estamos en el tiempo presente, atentos y receptivos a la información sensorial, que nos permite tener una cognición lo más cercana posible a nuestra construcción de la realidad.

La alerta también podría ser simplemente atención, es decir, que percepción y cognición se asocian para ofrecer un estado de focalización donde existe una atención intensa para realizar procesos cognitivos más allá del simple día a día, con una magnitud que llega a convertirse en un estado de trance.

Por supuesto, «alerta» también podría significar un estado de vigilancia y anticipación, preparándonos para ciertos eventos posibles que muchas veces pueden considerarse como amenazas reales o imaginarias, y que nos permiten tener una respuesta más satisfactoria que si el evento ocurriera sin estar preparados.

El filósofo brasileño Paulo Freire asocia la alerta con la conciencia crítica, conectándola con la estructura de poder y opresión social, ya que en su filosofía busca activamente la liberación y la justicia social.

Como se puede apreciar, la alerta o estado de alerta también puede tener muchos significados, dependiendo del contexto histórico y de la filosofía y sistema de creencias que se empleen para comprender su significado.

4.7. Las interacciones

Si consideramos a los personajes como parte de un evento social, por ejemplo, una comida del trabajo, salir con compañeros de la universidad, o hablar con amigos, entre infinitos escenarios, podríamos asumir que la persona, la máscara, la nada, y la alerta, se hacen presentes de distintas formas, especialmente cuando la experiencia es negativa para nosotros y tenemos la expectativa de que todo debería ocurrir de otra manera. Estas partes marcan su presencia y también componen quienes somos.

A veces sabemos lo que nos sucede, pero desconocemos el significado asociado a ello. Además, tomando en cuenta la línea de tiempo y las distintas etapas en el viaje, es posible que estemos enfrentando situaciones muy complejas.

Con base en la teoría de partes y el simbolismo aquí presentado, podríamos afirmar que estas interacciones ocurren. A modo de ejemplo, tenemos las siguientes posibilidades:

1. La persona se relaciona e interactúa con la máscara, de tal forma que pueda ser vista con una imagen que se ajuste más a la perspectiva externa e interna.

2. Asimismo, la persona podría usar una máscara muy diferente de lo que realmente es, lo que puede funcionar en algún momento. Sin embargo, esto puede convertirse en un mecanismo reiterativo y generar un conflicto interno, en el cual la persona no sabe quién realmente es. Esto se asemeja al síndrome del impostor, donde la interacción entre ambas partes genera inseguridad.

3. Cuando la persona se relaciona con la nada (a veces llamada la sombra), tiende a no aceptar esa parte, reprimirla y negarla como algo que no le pertenece y que no es aceptable según la sociedad. Sin embargo, la represión puede influir destructivamente en su sistema de creencias y comportamientos. En algunos casos, personas que tienen conflictos con su identidad pueden llegar a buscar la solución en poner fin a su propia vida.

4. Otra posible interacción es entre la persona y la alerta o el estado de conciencia. Aquí se busca equilibrar los deseos más internos y necesarios con las demandas impuestas desde el exterior, ya sea de forma subjetiva o imperativa, según la persona.

5. La alerta puede ayudar a la persona a darse cuenta cuándo está usando una máscara que no le conviene y, eventualmente, estar siguiendo un camino sin retorno, ya que su verdadero yo podría estar quedando oculto bajo la negación. Esto puede llevar a comportamientos negativos y situaciones difíciles de manejar, como en el ejemplo del adolescente que quiere aparentar experiencias que en realidad no tiene.

6. En ciertas situaciones, la máscara puede encontrarse con la nada y con la alerta de manera similar. La máscara podría intentar ocultar a la nada, pero la alerta puede ayudar a reconocer y enfrentar esos aspectos invisibles para adquirir la conciencia necesaria de tomar decisiones.

7. La interacción entre la nada y la alerta también puede interpretarse como dos aspectos aterradores de nosotros mismos, algo malo, oscuro y amenazador. Sin embargo, la alerta podría ayudar a iluminar esos lados

oscuros e integrarlos a la conciencia con aceptación, permitiéndonos ser realmente quienes somos de una forma más benigna.

8. Los procesos asociados con alcanzar un equilibrio y estar en nuestro centro están íntimamente conectados con nuestra expresión de la psique y satisfacen las necesidades que deben equilibrarse entre el interior y el exterior de cada uno de nosotros.

Las posibilidades de interacciones entre estas partes son numerosas, ya que pueden mezclarse de dos, tres o cuatro en combinaciones diversas. Además, los significados estarán asociados a la etapa del viaje y al contexto en el cual se entregan.

5. Relaciones, etapas y alineamiento

5.1. Relación entre los elementos de las etapas del viaje

Como habremos notado, el viaje está compuesto por distintos elementos, y si los deconstruimos de forma no simbólica, vemos que conforman nuestro día a día, ya que constituyen la naturaleza y, por ende, tenemos contacto con gran parte de ellos durante las etapas del viaje, a diario.

Entonces, si bien existe un simbolismo, al mismo tiempo hay algo tangible acerca de esos elementos: una conexión muy fuerte con lo natural y ambiental, y todos están íntimamente entrelazados como parte de nuestro ecosistema. Por ejemplo:

- El agua es fundamental para nosotros, ya que a través de ella se transportan nutrientes que la mayoría de los seres vivos necesitamos para sobrevivir. Además, el agua influye directamente en la meteorología y, junto con el viento y las distintas temperaturas, está asociada a los diferentes climas y a la diversa cobertura geográfica donde los seres humanos habitan, muchas veces buscando estar próximos a ella.
- El jardín, aunque es un lugar relativamente pequeño, permite establecer distintos espacios de ecosistemas para el crecimiento de plantas, flores y arbustos, cuya existencia depende esencialmente del agua, pues con ella pueden crecer y llevar a cabo la fotosíntesis.
- El desierto, conocido por la escasez de agua, también juega un papel fundamental, ya que la ausencia de este elemento da lugar a distintos tipos de plantas y animales que se adaptan a condiciones extremas para utilizar de manera inteligente y eficiente este recurso y poder sobrevivir.
- Aunque pareciera que el fuego no está tan conectado con el agua o con nuestro ecosistema, podemos ver que grandes incendios ocurren en muchas selvas y bosques, y para detenerlos se requiere precisamente el agua, lo que evidencia la conexión directa entre ambos elementos.

- El bosque, similar a un jardín, pero a una escala mayor, se conecta también con árboles, arbustos y una gran cantidad y diversidad de especies, las cuales requieren del agua para sustentar la vida que habita en él. El bosque genera una tremenda biodiversidad, pero para que esto ocurra, la cantidad de agua presente y el tipo de tierra determinarán qué tipos de plantas y árboles pueden sobrevivir en ese espacio.
- El cielo es un espacio que percibimos diariamente sobre nosotros, donde ocurre la condensación y evaporación del agua, y desde ahí su distribución, que depende de vientos y temperaturas. Gracias a este proceso, tenemos océanos, lagos, ríos, y las plantas contribuyen a que el agua se condense en las nubes y finalmente caiga en forma de lluvia.

Así como se ha establecido la conexión entre el agua y los distintos elementos que componen el viaje, podemos apreciar la interrelación y vínculo que existe entre cada uno de ellos, generando diversas condiciones relacionales.

5.2. Etapas de vida de una persona según Jean Piaget

Jean Piaget fue un psicólogo suizo conocido por sus teorías sobre el desarrollo de la mente humana. En una de sus teorías, propone las siguientes etapas del desarrollo cognitivo:

1. Etapa sensoriomotora (0-2 años): En esta etapa, los niños pequeños aprenden a través de interacciones sensoriales y motoras, así como de experiencias directas mientras juegan. Aquí comienzan a desarrollar la comprensión de la relación entre el objeto y el sujeto, así como la noción de permanencia de los objetos en sus vidas. Por ejemplo, descubren que las cosas existen aunque no las estén mirando.

2. Etapa preoperacional (2-7 años): En esta etapa, los niños utilizan el lenguaje y empiezan a usar estructuras de sintaxis para expresar abstracciones y complejidades. Aunque su pensamiento cognitivo continúa siendo principalmente intuitivo y no siempre siguen las reglas de la lógica, los niños en esta etapa pueden ser bastante egocéntricos y tienen dificultad para considerar las perspectivas de los demás. Ven el mundo principalmente desde su propia perspectiva y les resulta difícil entender los puntos de vista de otros.

3. Etapa de las operaciones concretas (7-11 años): En esta etapa, los niños comienzan a razonar y desarrollar pensamientos lógicos. Adquieren habilidades para resolver problemas más complejos y pueden trabajar siguiendo reglas y estructuras. También pueden realizar operaciones mentales con objetos y eventos concretos.

4. Etapa de las operaciones formales (11 años en adelante): En esta etapa, los adolescentes y adultos jóvenes desarrollan competencias para el pensamiento abstracto, el pensamiento condicional y la generación de múltiples perspectivas. Esto les permite crear hipótesis, teorías, proyecciones e ideas con abstracción, relacionando sus interacciones con otras personas.

Es interesante mencionar que Piaget sostenía la idea de que las personas pasan por estas etapas en el orden que él establece y que nunca se saltan alguna, independientemente de la velocidad del cambio. Estas etapas son las que él considera como parte del desarrollo cognitivo.

5.3. Etapas de vida de una persona según Otto Laske

El profesor Otto Laske, de origen alemán, es reconocido como un gran pensador, psicólogo, filósofo, coach, pintor y músico contemporáneo. Se contrapone en términos de su modelo de desarrollo del pensamiento a la creencia de Piaget, sosteniendo que el ser humano siempre sigue desarrollando su mente y sus pensamientos.

Para el profesor Laske, el desarrollo de la mente de un ser humano parte con todo su potencial desde que el modelo planteado por Piaget termina, es decir, después de los 25 años de edad.

En el modelo de Otto Laske, el ser humano experimenta tres etapas de desarrollo cognitivo en la adultez:

1. Etapa del pensamiento sistémico: En esta etapa, que se asemeja a la etapa de operaciones formales de Piaget, las personas pueden expresar sus ideas de manera lógica y sistémica, considerando distintos factores y variables. Sin embargo, se limitan a lo que está establecido dentro de las reglas del sistema y pueden complejizarse en situaciones donde existen paradojas, ambigüedades o alternativas contradictorias.

2. Etapa del pensamiento contextual: Permite que el individuo piense en distintos contextos de forma más amplia que las situaciones mismas. Así, logran comprender mejor las reglas y procedimientos que establecen el marco de esa experiencia, lo que les permite dar un tratamiento diferente a la misma, al descubrir perspectivas desde distintas interpretaciones mediante cambios en las reglas y procedimientos, reconociéndolos como parte esencial del contexto.

3. Etapa del pensamiento dialéctico: Es una etapa más avanzada en el desarrollo del pensamiento, donde las personas entienden que la existencia de sus necesidades se conecta con su ausencia y que ambas son lo mismo. Piensan en términos de sistemas y procesos en constante cambio, manejan el tiempo con cierta ambigüedad y aceptan contradicciones como parte del mismo contexto y de las experiencias. Consideran múltiples alternativas y posibilidades asociadas a probabilidades, reconociendo que la vida no es solo blanco o negro, sino que existen infinitos matices de distintos grises.

El profesor Laske reconoce que no todas las personas logran el desarrollo que él presenta. Algunas personas pueden permanecer en la etapa final descrita por Piaget durante el resto de sus días, mientras que otras pueden llegar al pensamiento contextual y dialéctico. Gran parte del desarrollo se conecta con el ejercicio mismo de pensar, reflexionar y las experiencias de vida, y cómo se establece el proceso de cognición en relación a esas experiencias. Las teorías del profesor Laske consideran como un factor de desarrollo el desarrollo psicológico, y el desarrollo social y emocional.

5.4. Alineamiento narrativo

Se denomina «alineamiento narrativo» a la comunicación que articula cómo exploramos y plasmamos la historia de nuestras vidas de manera coherente con los significados que les asignamos.

Al revisar nuestra vida a través de una línea de tiempo y proyectarla hacia el futuro, podemos identificar áreas en las que hemos repetido patrones, conductas y comportamientos. También podemos detectar momentos clave que han influido en la formación de nuestra identidad y en cómo hemos vivido las experiencias, lo que probablemente anticipará cómo viviremos las siguientes.

Cuando realizamos este ejercicio para nosotros mismos o para otra persona, podemos empezar en cualquier etapa de la vida. Sin embargo, si seguimos el orden propuesto por el profesor Laske, empezaremos desde la infancia y pasaremos por la adolescencia y la pre-adultez hasta llegar a la adultez.

Este enfoque facilita la comprensión de la formación de nuestra identidad, patrones y creencias, permitiéndonos identificar los eventos y experiencias que han moldeado nuestras percepciones y emociones.

Es crucial llevar a cabo este ejercicio en nuestra línea de tiempo, proyectando el futuro para empezar a transformarlo desde hoy. Imaginemos y describamos lo que nos gustaría que sucediera, cambiando patrones, objetivos y direcciones con una perspectiva más positiva.

Al utilizar herramientas como la línea de tiempo y la hipnosis ericksoniana simultáneamente, inducimos un estado de trance. La combinación de ambas facilitará la integración de la mente inconsciente con la consciente, permitiéndonos conectar con nuestros propios símbolos y emociones y, por ende, proyectar un futuro diferente.

Esta conexión en estado de trance entre la mente inconsciente y la consciente favorecerá una integración tanto cognitiva como emocional, facilitando diálogos sinceros y honestos con nosotros mismos. Al sentirnos protegidos y respaldados, podemos emplear esa honestidad para mejorar nuestro bienestar y felicidad.

Considerar la hipnosis ericksoniana como base para este modelo es crucial. Erickson no se limita a resolver problemas; más bien, reorienta las dificultades del paciente.

El alineamiento narrativo se convierte en un pilar esencial para ayudar a las personas a reestructurar, organizar y transformar sus historias personales de manera sencilla y natural.

Al adoptar el alineamiento narrativo como marco estructural, facilitamos que nuestros pacientes visualicen inmediatamente soluciones. Este enfoque nos permite asumir que, en la medida en que esa visualización se concrete, ejerceremos cierto control sobre nuestro futuro.

Al igual que un buen escritor investiga la constitución del personaje principal, el alineamiento narrativo define los recursos y arquetipos necesarios para lograr equilibrio y bienestar. En este proceso, no solo aprendemos de nuestra propia descripción, sino que también comprendemos diversas formas de auto-percepción, vinculando nuestros valores, metas, objetivos y experiencias. A lo largo de este proceso, el paciente adquiere conciencia al identificar los distintos patrones y estructuras que han surgido a lo largo de su vida, brindándole la oportunidad de reescribir su historia personal.

Este enfoque no es reciente ni busca generar una solución tipo «Deus ex Machina». Sin embargo, abre nuevas direcciones para que el paciente entienda cómo su vida puede ser interpretada de manera narrativa, permitiéndonos, en tanto terapeutas, comprender las funciones del trance en relación con las distintas facetas del individuo.

Generalmente, los pacientes, al proyectarse en una línea de tiempo o re-visitar su pasado, descubren nuevos significados que potencian su desarrollo personal. En este proceso de re-interpretación narrativa, el paciente examina eventos traumáticos pasados desde una perspectiva disociada, descubriendo la resiliencia necesaria para re-significar su experiencia, lo que a su vez le permite aprender y adoptar nuevas formas de auto-cuidado.

Creo que esta nueva forma de reescribir nuestra historia y construir nuestro futuro a través de una narrativa única fomentará una mayor adaptación y resiliencia emocional, reforzando la conciencia de nuestra propia identidad. La asociación entre el alineamiento narrativo y la terapia ericksoniana permitirá a las personas ajustar su pasado, ganar conciencia en el presente y proyectar un futuro más acorde con sus realidades y posibilidades, todo a través de la autoexploración.

Desde una perspectiva terapéutica, el alineamiento narrativo se puede vincular con terapias focalizadas en el cliente y en la solución, ya que busca tanto reconstruir el pasado como proyectar el futuro deseado. Esta visión está completamente alineada con la hipnosis ericksoniana, ya que ambos enfoques aspiran a que el cliente realice una reestructuración para modificar la narrativa de su vida a través de nuevos significados. Al ser una combinación de ambos modelos, el alineamiento narrativo, mediante las preguntas del terapeuta, generará reflexiones profundas que permitirán al paciente reconstituir la metáfora de su vida, adaptando sus objetivos a nuevas posibilidades previamente percibidas como imposibles.

5.5. La alineación narrativa y la integración con el modelo

La «línea de tiempo» o «historia personal» de un paciente se configura como una narrativa que recorre su vida desde el momento de su nacimiento hasta la actualidad. Esta narrativa incorpora una serie de eventos y experiencias relevantes que han tenido lugar a lo largo de la existencia de la persona, incluyendo hitos importantes, la aparición y evolución de condiciones médicas y cambios o transiciones significativas en la vida personal, familiar o social.

Al crear la «línea de tiempo» o «historia personal», lo primero es solicitar al paciente que identifique los hitos relevantes en su vida.

Luego, se procede a recopilar y organizar información crucial, como fechas de nacimiento, etapas educativas, antecedentes médicos y familiares, eventos traumáticos, matrimonios, nacimientos, rupturas, fallecimientos, cambios de residencia, entre otros aspectos. A partir de esta recolección inicial de datos, el paciente puede elaborar una narrativa que ofrezca una visión cronológica y coherente de su vida.

La línea de tiempo o historia personal es, por tanto, una narrativa que relata eventos y experiencias significativas en la vida del paciente, ofreciendo una perspectiva integral de su salud y bienestar. Puede ser de utilidad en diversos ámbitos de la vida del paciente, ya que suministra un contexto amplio y detallado que permite una mejor comprensión de su salud y bienestar.

Así, el alineamiento narrativo se convierte en una herramienta valiosa que narra la historia de vida del paciente, permitiendo a los terapeutas proyectar, encontrar la coherencia, y consolidar las futuras experiencias del mismo.

5.6. Los hitos que cambian la historia de una persona

Los hitos son eventos significativos que marcan un punto de inflexión en la vida de una persona. Estos acontecimientos pueden impactar profundamente y alterar el curso de su historia personal.

Desde el nacimiento hasta la muerte, existen varios hitos que pueden afectar de manera distinta a cada individuo. Algunos ejemplos de hitos relevantes podrían ser graduarse de la escuela, obtener un empleo, casarse, tener hijos, experimentar una pérdida significativa o alcanzar un objetivo personal importante.

Estos hitos pueden modificar la historia de una persona de diversas formas. En primer lugar, pueden influir en su identidad y sentido de sí mismo. Un logro académico o profesional puede aumentar la autoestima y la confianza personal. De igual manera, un fracaso o pérdida puede sembrar dudas e inseguridades.

Además, los hitos tienen implicaciones prácticas en la vida cotidiana. Conseguir un empleo estable puede otorgar estabilidad financiera y abrir nuevas oportunidades, mientras que perder un empleo puede traer consigo desafíos económicos.

Los hitos también pueden alterar la historia personal al impactar las relaciones interpersonales. Por ejemplo, casarse o tener hijos puede transformar las dinámicas familiares, dando lugar a nuevos roles y responsabilidades.

La pérdida de un ser querido puede tener un profundo impacto emocional y cambiar la forma en que uno se relaciona con los demás. Asimismo, ciertos hitos pueden influir en las metas y aspiraciones futuras. Al lograr un objetivo importante, alguien podría sentirse motivado para perseguir nuevas metas; por el contrario, un fracaso podría llevar a la reevaluación de sus planes y objetivos personales.

Los hitos son momentos cruciales que pueden transformar la historia personal de una persona en términos de identidad, relaciones interpersonales, metas, aspiraciones y cómo enfrenta los desafíos de la vida. Estos eventos pueden tener efectos duraderos y moldear significativamente la trayectoria y desarrollo del individuo.

En muchas ocasiones, los pacientes no desean un alineamiento narrativo completo de su historia, sino enfocarse en un hito específico que sea especialmente significativo para poder avanzar. Esto se debe a que otros hitos ya han sido procesados y no constituyen el motivo de su terapia.

5.7. ¿De qué manera el futuro a menudo está conectado con el pasado?

El futuro está vinculado al pasado de múltiples maneras. Por un lado, el pasado nos ofrece lecciones y experiencias que podemos utilizar para tomar decisiones más informadas en el futuro. Aprendemos tanto de nuestros errores como de nuestros éxitos pasados para evitar volver a cometer las mismas fallas y, a la vez, intentar replicar los logros. Además, el pasado establece la base y los cimientos sobre los cuales se construye el futuro y a la vez es la fuente de las fases de desarrollo y crecimiento de nuestra identidad. Nos formamos en función de lo que consideramos positivo y digno de emular, y también en función de lo que estamos rechazando como modelo a seguir.

Asimismo, cada avance científico, tecnológico y cultural de generaciones anteriores sirve como esencia para establecer las bases de futuros descubrimientos e innovaciones. De la misma forma, los eventos históricos y sociales del pasado suelen tener repercusiones duraderas que continúan afectando al mundo en el futuro.

El futuro no puede desvincularse completamente del pasado, ya que nuestros antecedentes y experiencias históricas influyen en nuestras posibilidades y decisiones, tanto del ahora como de lo que vendrá.

5.8. ETAPAS DEL VIAJE, PARTES Y EJEMPLOS

5.8.1. El Agua (0-2 años)

Esta fase, que he bautizado como «Agua», comprende desde los cero hasta los dos años de edad. Se trata de un período crucial para el desarrollo social y emocional del niño, teniendo en cuenta un marco temporal general.

Las partes de «la persona» y «la máscara» pueden considerarse como versiones infantiles de los conceptos junguianos. En este contexto, «la persona» es cómo nos mostramos al mundo, mientras que «la máscara» constituye una proyección más superficial de esa identidad.

En esta etapa del desarrollo, las teorías de Jean Piaget sobre el desarrollo cognitivo resultan muy útiles. Su concepto de «pensamiento pre-operacional» es especialmente relevante, aunque por lo general se asocia con niños un poco mayores.

- **Desarrollo de la personalidad**

Durante estos primeros dos años de vida, el desarrollo es vertiginoso. El cerebro funciona como una esponja, absorbiendo información de manera continua.

Este período podría considerarse la «fase del agua», donde todo es moldeable y fluido. Aquí comienzan a establecerse las estructuras fundamentales de la personalidad y los patrones de interacción con el entorno.

- **Partes**

    - **La nada**: representa estados de conciencia muy básicos, como el sueño profundo, en los que no hay un sentido del 'yo'.

- **La persona**: la identidad social comienza a surgir aquí, incluso en interacciones tan simples como una sonrisa.
- **La máscara**: aunque en una etapa temprana, los bebés ya empiezan a mostrar comportamientos diferentes según con quién estén interactuando.
- **La sombra**: más relacionado con la psicología junguiana, este concepto podría interpretarse como el inicio de comportamientos o emociones reprimidas, aunque a esta edad son bastante rudimentarios.
- **La alerta**: este estado se activa en respuesta a estímulos específicos que requieren atención, como un ruido fuerte o una situación desconocida.

- **Dinámica**

En esta etapa, la personalidad es como el agua, en constante cambio y desarrollo.

Desde el punto de vista de la filosofía oriental, es importante mencionar que la existencia de la noción del «vacío», se asocia a un estado de conciencia sin juicio, similar a «la nada» ya descrita.

- **Ejemplos**

  - **La nada**: cuando el bebé duerme profundamente, se encuentra en un estado de ser puro.
  - **La alerta**: ante un ruido fuerte o una situación imprevista, el bebé puede entrar en un estado de «alerta», manifestándolo mediante el llanto o la búsqueda de confort y seguridad.

5.8.2. El Jardín (2-7 años)

- **Desarrollo de la personalidad**

Durante esta etapa, los niños ya poseen una comprensión básica de quiénes son en relación con su entorno. A partir de este momento, empiezan a entender cómo funciona el mundo social y cuáles son sus normas.

- **Partes**

  - **La nada**: aunque menos prevalente que en la fase anterior, todavía se manifiesta, como en momentos de puro juego imaginativo.
  - **La persona**: aquí es cuando el niño comienza a definir su identidad social de manera más clara, aprendiendo roles y comportamientos que son socialmente aceptables.
  - **La máscara**: esta parte emerge cuando el niño aprende a proyectar una versión de sí mismo que es socialmente aceptable o deseada.
  - **La sombra**: comportamientos y deseos socialmente inaceptables pueden empezar a reprimirse en esta etapa.
  - **La alerta**: similar a la fase anterior pero más evolucionada, esta parte se activa en situaciones que exigen una respuesta rápida.

- **Dinámica**

En esta etapa, el niño o niña se torna más consciente de las expectativas y reglas sociales, lo cual influye en la formación y manifestación de las partes «la persona» y «la máscara».

El equilibrio entre estas partes puede fluctuar rápidamente. Los niños pueden pasar de «la persona» a «la sombra» en cuestión de segundos, especialmente si sienten que sus necesidades no se están satisfaciendo. Se trata de un período crítico para el desarrollo de la autorregulación emocional y la adaptación social.

- **Ejemplos**

  - **La nada**: una niña de cuatro años que juega con bloques de construcción sin preocuparse por si lo hace bien o mal está en un estado de «la nada». En este momento, está completamente inmersa en la actividad sin autocrítica.
  - **La persona**: un niño que emula a un superhéroe, explora roles y cómo estos se relacionan con su propia identidad. Otro ejemplo

es un niño de cinco años que ayuda a poner la mesa, consciente de que es su «tarea» en la familia. Ha comprendido que tiene roles y responsabilidades en su vida social que deben cumplirse.

- **La máscara**: una niña de tres años que dice «por favor» y «gracias», no porque lo sienta, sino porque sabe que es lo esperado por sus padres, entonces está usando «la máscara».
- **La sombra**: en un caso donde una niña roba una galleta, podría estar actuando desde su «sombra», donde emergen comportamientos considerados socialmente inaceptables; o si un niño de seis años golpea a otro niño en el parque para obtener su juguete, este comportamiento podría originarse en «la sombra».
- **La alerta**: cuando una niña de siete años corre rápidamente para evitar que su pelota se vaya a la calle, se activa «la alerta». La niña está altamente enfocada y alerta para responder así a una situación inmediata.

5.8.3. El Desierto (7-12 años)

- **Desarrollo de la personalidad**

En esta fase, «la nada» emerge como una parte que representa momentos de confusión, búsqueda de identidad y posibles crisis emocionales. Los individuos comienzan a enfrentar múltiples desafíos y cambios, y es común que experimenten sensaciones de vacío o tensión interna.

- **Partes**

La nada, la persona, la máscara, la sombra, la alerta.

- **Dinámica**

En este período, es plausible que los individuos enfrenten desafíos que requieren de una mayor atención y cautela. Esta fase podría vincularse con conceptos como «vigilancia» o «alerta». Desafíos que demandan más concentración y precaución pueden surgir, y las partes podrían adaptarse a estos nuevos retos.

- **Ejemplos**

  - **La máscara**: un/a niño/a actúa de manera ejemplar durante una reunión familiar, pero se muestra más auténtico/a cuando está con amigos cercanos.
  - **La nada**: el niño o la niña podría experimentar momentos de confusión y duda, especialmente al enfrentar cambios significativos como mudanzas o transiciones escolares.

5.8.4. El Fuego (12-24 años)

- **Desarrollo de la personalidad**

En esta etapa, surge con más intensidad «la sombra». Esta representará los aspectos reprimidos o menos aceptados de la personalidad, como los miedos, inseguridades o emociones negativas.

Durante la adolescencia y juventud, el individuo se enfrenta a cambios hormonales, desafíos emocionales y exploración de su propia identidad.

- **Partes**

La nada, la persona, la máscara, la sombra, la alerta.

- **Dinámica**

Este es un período de cambios y conflictos internos, lo cual podría simbolizar la «sombra» en la teoría de Jung. Las partes podrían encarar aspectos reprimidos o menos aceptados de la personalidad. Además, en esta etapa los individuos enfrentan desafíos que requieren más atención y cautela, relacionándose con el concepto de «alerta».

- **Ejemplos**

  - **La alerta**: durante los exámenes, esta parte se activa para prestar total atención a los detalles.

- **La nada**: un joven podría sentirse perdido o sin dirección, posiblemente durante una crisis existencial, tornándose vulnerable para hacer cosas que en general no haría.

5.8.5. El Bosque (25-70 años)

- **Desarrollo de la personalidad**

En esta etapa, la parte denominada «la alerta» desempeña un papel crucial. Esta representa la conciencia y la sabiduría acumuladas a lo largo de la vida. El individuo ha adquirido experiencias y conocimientos valiosos que aportan un mayor grado de estabilidad y juicio crítico en la toma de decisiones.

- **Partes**

La nada, la persona, la máscara, la sombra, la alerta (interacción compleja).

- **Dinámica**

Durante la vida adulta, se abordan múltiples dificultades y desafíos, que incluyen la interacción entre diversas partes. En esta etapa, se experimenta la vida adulta en toda su complejidad, afrontando la sombra, manteniendo la alerta y empleando diferentes máscaras.

- **Ejemplos**
    - **La sombra**: puede manifestarse en forma de celos hacia un colega que ha tenido éxito.
    - **La persona**: una persona se convierte en padre o madre y asume esa nueva identidad con orgullo.

5.8.6. El Cielo (70+ años hasta el final de la vida)

- **Desarrollo de la personalidad**

En esta última etapa, las partes continúan interactuando, pero cobran importancia los arquetipos junguianos. Tales arquetipos –como el sabio, el mentor, el héroe o el artista, entre otros– pueden emplearse en apoyo terapéutico para ayudar a la persona a construir una nueva narrativa que le otorgue sentido a su pasado y oriente su futuro.

- **Partes**

La nada, la persona, la máscara, la sombra, la alerta.

- **Dinámica**

Se trata de una etapa de resumen y aceptación, en la que todas las partes alcanzan algún grado de integración o equilibrio.

- **Ejemplos**

    - **La alerta:** aunque en una etapa avanzada esta parte sigue activa, quizás ahora funciona alertando al paciente sobre problemas de salud o de qué cosas quiere o no quiere hacer.
    - **La máscara:** una persona podría adoptar el rol del 'abuelo adorable', incluso si internamente se siente frustrado por problemas de salud.

El alineamiento narrativo considera las «etapas» del viaje vital, los componentes y los arquetipos junguianos para ayudar al paciente a reinterpretar su historia y construir un futuro más significativo.

Este enfoque terapéutico busca la integración de todas las partes de la identidad y el desarrollo de un entendimiento más profundo de uno mismo, en consonancia con ideas como las expuestas por el *Tao Te Ching* de Laozi.

Los arquetipos presentados en este modelo, como la persona, la máscara, la nada, la sombra, la alerta, y de igual manera, otros como el anima/animus, el héroe, el sabio, etc., pueden jugar roles importantes en la interpretación de experiencias vividas en cada etapa del viaje.

Esto se basa en el trabajo de Carl G. Jung en *Man and His Symbols* y podría guiar comportamientos y actitudes en cada una de las etapas del viaje, al mismo tiempo que ayuda a comprender el alineamiento narrativo.

Las técnicas de hipnosis ericksoniana utilizadas por el terapeuta –quien emplea Hipnosis Ericksoniana de forma consciente o inconsciente, según lo detalla Sidney Rosen en *My Voice Will Go With You*– permiten al paciente re-visitar cada etapa del viaje vital, reinterpretando y re-encuadrando eventos pasados y preparándole para un futuro alineado con sus objetivos y proyecciones.

5.9. El viaje

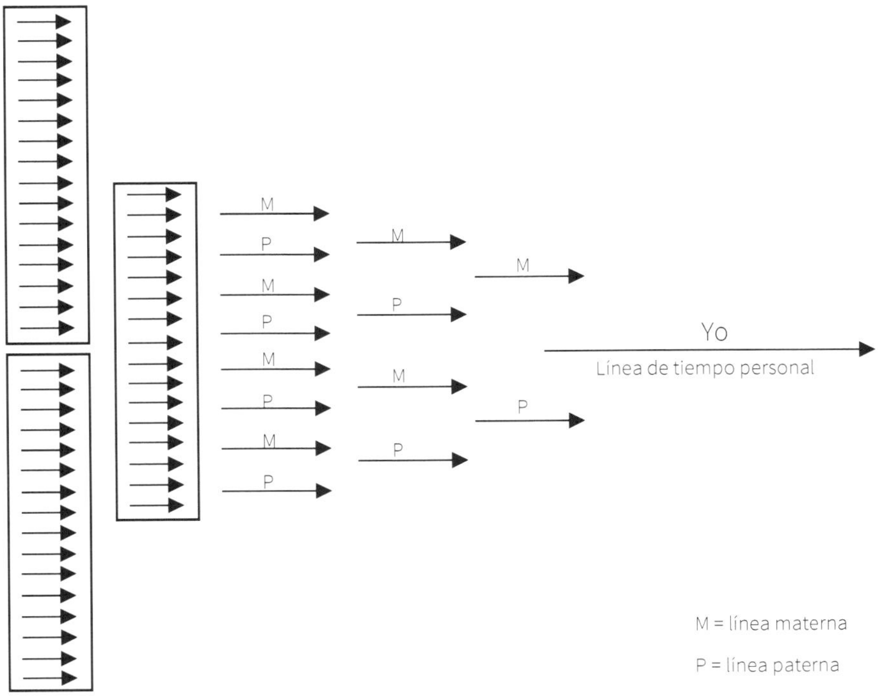

Debido a nuestra biología, nacemos y, en algún momento, moriremos por diversas razones. El trayecto entre nuestro nacimiento y nuestra muerte está correlacionado con una línea temporal que refleja tanto los años que hemos vivido como una serie de eventos y sucesos que conforman nuestro desarrollo.

Resulta relevante hablar de la «actualidad» porque nuestra existencia es parte de un linaje que se remonta a nuestros padres y madres, y aún no sabemos cómo será esto en el futuro. Nuestra historia y viaje a lo largo del tiempo no comienzan en el momento de nuestro nacimiento. Nuestras madres y padres también tuvieron su propia línea de tiempo, al igual que nuestros abuelos y bisabuelos, tanto maternos como paternos.

Este flujo ininterrumpido de existencia se inició mucho antes de que nosotros fuéramos nosotros. Desde mi punto de vista, esto significa que no solo se transmitirán rasgos genéticos, biotipos, fenotipos y características morfológicas, sino que también existirán influencias contextuales transmitidas de generación en generación, moldeando nuestras conductas y cuyo origen es incierto.

5.10. Los hitos y el contenido en la alineación y sus etapas

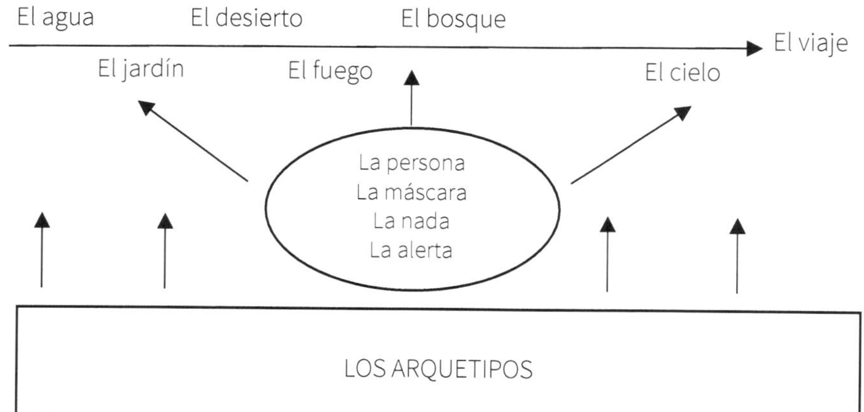

Este libro propone la base para un modelo que llamo *Timeline Soul Integration Therapy* o *TSI Therapy,* el cual consiste en un viaje por la línea invisible del tiempo, segmentado en etapas definidas como el agua, el jardín, el desierto, el fuego, el bosque y el cielo. Durante este trayecto, experimentamos hitos significativos, buenos o malos que, según Jung, pueden involucrar distintas facetas de nuestra personalidad, como la máscara, la sombra y otras.

Aunque no podemos cambiar el pasado, la terapia nos permite reenfocar estos eventos, extraer aprendizajes y entender cómo han ido moldeando quienes somos hoy. En este proceso surgen arquetipos como el sanador, el guerrero, el sabio y el mago, entre otros, y cada uno aporta recursos universales para enfrentar la vida.

El fenómeno del trance facilita que la persona se identifique con los arquetipos, alineando su narrativa personal. Por ejemplo, una paciente revive la separación de sus padres a los cinco años, asumiendo gran parte de la responsabilidad. Este evento la hace adoptar una actitud evasiva y utilizar una máscara de bienestar. Desde una perspectiva actual, se le ayuda a identificar el arquetipo de la «sabia» para enfrentar su pasado y liberarse de culpas innecesarias.

La fuerza de la transformación proviene de la interacción entre trance, línea de tiempo, partes del yo y arquetipos. Buscamos la integración interna para evitar conflictos entre lo que «debería ser» y lo que «es». Este enfoque, alineado con la historia personal, genera sinergia entre la voluntad de sanar y la estructura terapéutica, creando una narrativa metafórica que guía la auto-percepción y el desarrollo futuro. Finalmente, anclamos las conversaciones iniciales a modelos específicos, que serán detallados en el próximo capítulo, para profundizar los aprendizajes y darle una dirección inconsciente pero funcional a la información adquirida.

Los modelos propuestos como un complemento del «viaje» se visualizan en una estructura de bloques para armar, donde las conversaciones relacionadas con la línea de tiempo y las emociones pueden integrarse para mejorar el bienestar del paciente. Además, buscan apoyar con estructuras de pensamiento más específicas para cubrir sus necesidades individuales.

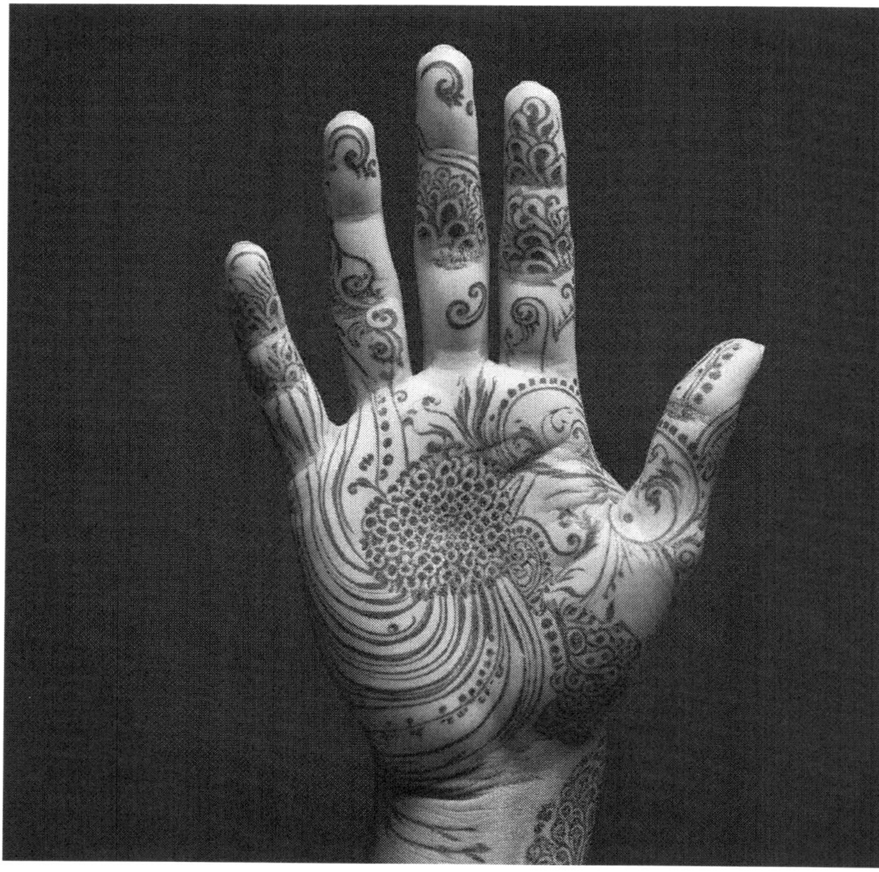

6. Modelos y Ejercicios

Los modelos presentados a continuación serán utilizados para desarrollar ejercicios, donde podremos integrar la información entregada en el libro junto con a práctica.

6.1. Hipnosis alerta

En este ejercicio el cliente o paciente está de pie y se le dan las siguientes directrices:

1. Siente el cuerpo equilibrado.

2. Observa/escucha/siente con atención el espacio donde nos encontramos.

3. Encuentra en tu cuerpo el punto que sería el centro de tu equilibrio. Sé muy flexible con tu cuerpo en esta etapa, hasta encontrar tu centro de equilibrio.

4. Ahora siente cómo es el flujo de energía en tu cuerpo.

5. Ten consciencia de aquello que ves y de aquello que no ves.

6. Ten plena consciencia de aquello que escuchas y de aquello que no escuchas.

7. Ten plena consciencia de aquello que sientes dentro de tu cuerpo y de aquello que no sientes dentro de tu cuerpo.

8. [Parado/a en cada uno de los cuatro puntos cardinales, se le dice:]

Yo te veo.

Tú mereces.

Tú perteneces.

Tú necesitas toda la energía que necesitas.

Tú necesitas X para ser una mejor persona.

Tú tienes todo lo que necesitas.

Tú sientes el flujo de energía, ella fluye de arriba hacia abajo, de abajo hacia arriba.

9. Ahora te voy a pedir que seas una escultura de tu determinación. Una escultura de Y (decir su nombre). Todos son determinados para hacer aquello que debe ser hecho... Hacer una escultura de tu YO (Self) .... ahora...

10. Finalmente, reorientar para cerrar el ejercicio.

6.2. Sobre «La Sombra»

6.2.1. El Concepto de «la sombra» - (Carl Jung)

Una de las funciones de la terapia es hacer consciente lo inconsciente (S. Freud).

La sombra es el lado oscuro de nuestra personalidad, aquella parte de nosotros que ocultamos o reprimimos y que aparentamos no poseer. Incluso podemos ignorarla y fingir que no es parte de nosotros, aunque esto nos impide vivir de manera integrada.

La definición de «sombra» propone que esta es:

- f. Oscuridad, falta de luz, más o menos completa. Ejemplo:

  - «Las sombras de la noche».

- f. Proyección oscura que un cuerpo lanza en el espacio en dirección opuesta a aquella por donde viene la luz.

- f. Imagen oscura que sobre una superficie cualquiera proyecta un cuerpo opaco, interceptando los rayos directos de la luz. La sombra de un árbol, de un edificio, de una persona.

- f. Lugar, zona o región a la que, por una u otra causa, no llegan las imágenes, sonidos o señales transmitidos por un aparato o estación emisora.

- f. oscuridad (falta de luz y conocimiento).

- f. Espectro o aparición vaga y fantástica de la imagen de una persona ausente o difunta.

- f. Apariencia o semejanza de algo.

- f. Mácula, defecto.

- f. coloq. Persona que sigue a otra por todas partes.

- f. coloq. Clandestinidad, desconocimiento público.

- f. Pint. Color oscuro, contrapuesto al claro, con que los pintores y dibujantes representan la falta de luz, dando entonación a sus obras y bulto aparente a los objetos.

- loc. verb. Dicho de una persona: Impedir a otra prosperar, sobresalir o lucir, por tener más mérito, más habilidad o más fervor que ella.

- *Los símbolos*: la serpiente, el dragón, los monstruos y los demonios, que guardan la entrada de una cueva o un lago (inconsciente colectivo).

6.2.2. «La sombra» en Hipnosis - (versión de Paul Anwandter)

- Es el compuesto de todas las energías no integradas, «buenas» y «malas».
- Incluye todo lo que es negativamente alucinado, para mantener las polaridades antagónicas en suspensión, sin la posibilidad de percibir o experimentar la unidad del ser.
- Es un proceso de la «consciencia».
- En un sentido, lo que no esté en nuestra consciencia en un momento dado es «sombra» o está en «la sombra».
- El problema es el material que nos afecta y que está olvidado y está ahí... nuestras preferencias, gustos, esperanzas y miedos...
- El reto: cómo rescatarla e incorporarla en nuestro estado alerta de vigilia.
- Se puede considerar como una «parte».
- «La sombra» puede ser entendida como una «cosa» (que es dinámica).

6.2.3. «La sombra» en acción - (versión de Paul Anwandter)

Discutir el concepto de «la sombra».

Invitar a todos los aspectos no integrados que se hagan presentes, que sean experimentados y que se comuniquen. Por ejemplo, cualquier nuevo sentimiento de aceptación, calidez y deseo de trabajar en conjunto que se logre, puede ser comunicado por el «compuesto» de sombra, a cada una de las partes específicas, según corresponda, fuera de la consciencia. En este caso, tenemos a la sombra como un intermediario para comunicarse eficientemente con muchas partes. Ella decide cómo se presenta.

- Preguntas:

1. ¿Qué estás intentando lograr en mi vida al manifestarte de la forma en que lo estás haciendo? Cuéntamelo...

2. ¿En qué áreas de mi vida influyes o controlas tú?

3. ¿Qué necesitas de mí para que en esas áreas ambos funcionemos mejor?

- Intención positiva:

Compartir, negociar, retroceder en el tiempo a «la sombra», emplear «metáforas» y «reorientar».

6.3. Sobre «la persona»

6.3.1. El Concepto de «persona» - (Carl Jung)

Un Arquetipo Junguiano

Recordemos los conceptos de «persona» y de «máscara», para poder realizar ejercicios que nos permitan trabajar ambas nociones, que son claves para el proceso de desarrollo que acompaña este libro.

Nuestra imagen pública es la «buena impresión» que queremos ofrecer al desempeñar los distintos roles que tenemos en la sociedad. Se relaciona con la palabra «persona» (también con personalidad) que significa: un individuo de la especie humana, hombre o mujer, cuyo nombre se ignora o se omite. Proviene del Latín «persōna», máscara de actor, personaje teatral.

La persona es la máscara que nos ponemos antes de salir al mundo exterior. Se inicia como un arquetipo, pero después la adoptamos y la asumimos. Algunas veces, llegamos a creer que realmente somos lo que pretendemos ser.

6.3.2. «Persona» en Hipnosis - (versión de Paul Anwandter)

1. Discutir el concepto de «persona».

2. Inducción.

3. Averiguar el nombre y rol de cada una de las «máscaras».

4. Se retiran una a una las «máscaras» (si existieran más de una) hasta llegar a la esencia del Self.

5. Una vez en el Self, se establece el/tu «Centro» (si no lo tienes identificado) y se reconstruye el Self.

6. Proteger, incluir recursos y reorientar.

6.4. Los sueños - (versión de Paul Anwandter)

Encontrando significados en los sueños

1. Identifica el sueño del que la persona quiere conocer los significados.

2. Encuentra algún otro sueño en el que la persona haya sido muy perceptiva y/o intuitiva, y/o haya descubierto que «sintió» que pudo comprender y/o aprender «sin saber cómo» lo hizo...

3. Solicítale ahora que recuerde el sueño cuyos significados quiere conocer y pídele que lo cuente.

4. Pídele ahora al/la soñador/a que vuelva a «revivir» el sueño, cambiando a todos los protagonistas del mismo.

5. Repite el paso 4, tres a cinco veces, cada vez con distintos protagonistas.

6. Pide al/la soñador/a que vuelva a conectarse con el aprendizaje intuitivo que tuvo cuando aprendió del otro sueño, mientras evoca el sueño que es motivo de conocer los significados.

7. Pregúntale ahora qué significa el sueño y qué ha aprendido y comprendido del mismo.

6.5. El equilibrio y «La Nada» - (versión de Paul Anwandter)

1. Centramiento.

2. Inducción.

3. Trance: La Nada...

En medio de la nada, se va despojando de aquello que...

4. Trabajo Terapéutico:

Uno a uno, se van reestructurando...

Se van reconstruyendo...

Se van transformando...

5. Reorientar.

6.6. Los Yo's

Vivimos en un continuo flujo de tiempo. Este flujo viene de tiempos ancestrales. Esos tiempos han generado viajes. Esos viajes han tenido sus etapas. En esas etapas, hemos vivido diferentes «Yos» y a veces más de uno de manera simultánea.

Entonces, estando en el aquí y ahora:

1. Identifica tus distintas «líneas de tiempo» y en qué tiempo estarás mientras sigues en el presente.

2. Percibe dónde quieres aprender, reconociendo en qué etapa del viaje te encuentras de la línea de tiempo. Identifica qué parte(s) están contigo en esa etapa y ayúdalas a expresar qué les pasa y qué necesitan.

3. Permite que esas partes reconozcan los arquetipos que son necesarios para aprender, modificar y transformar tus «Yos».

4. Percibe cómo todo ha cambiado y con eso, permítete reorientarte hacia el presente nuevamente.

5. Continúa en este flujo de tiempo y sigue avanzando hacia tu crecimiento personal.

Es importante recordar que el desarrollo personal es un proceso constante, y reconocer nuestras distintas etapas y aspectos internos nos ayuda a comprendernos mejor y a crecer como individuos.

7. CONCLUSIONES

Una vez que hayas concluido tu «viaje», espero que como buen/a viajero/a hayas obtenido los siguientes aprendizajes:

1. Comprenderte mejor a ti mismo/a: A través de la composición de las distintas partes que se integran en el día a día, habrás reconocido comportamientos, anhelos y proyectos que pueden enriquecerse con este conocimiento.

2. Integrar consciente e inconsciente: Lograr que los aspectos que estaban en conflicto o desconectados entre el consciente y el inconsciente trabajen de manera armoniosa para mejorar la calidad de vida.

3. Conectar las emociones a tu mente cognitiva: Percibir las necesidades de las partes y encontrar armonía y equilibrio emocional.

4. Adquirir nuevas herramientas para ti mismo/a y para ayudar a otros: Utilizar la línea del tiempo y modelos integrados mediante la hipnosis ericksoniana para continuar el proceso de autodescubrimiento y desarrollo individual.

5. Identificar distintos modelos y arquetipos: Explorar nuevos recursos y patrones a lo largo del tiempo.

6. Establecer una nueva narrativa y lograr bienestar psicológico y emocional: Comprender y construir tu historia a través de la línea de tiempo, direccionándote hacia un presente con más amor, humanidad y espiritualidad.

En resumen, espero que hayas adquirido conocimientos valiosos para explorar tu desarrollo psicológico, emocional y cognitivo, trabajando con las partes internas y alcanzando un mayor bienestar emocional y psicológico en tu vida personal y profesional.

Además, estas herramientas te capacitan para ayudar a otros en su proceso de sanación y crecimiento personal utilizando la hipnosis ericksoniana y otras técnicas presentadas en el taller y durante la lectura de este mismo libro.

EL AUTOR

Paul Anwandter es autor de libros de coaching, mentoring, PNL, hipnosis, desarrollo personal, y ficción, traducidos al inglés y al portugués. Director de HCN World, de la Academia Inpact, de la Sociedad Chilena de Hipnosis, Presidente de la EMCC Latam (European Mentoring and Coaching Council para Latinoamérica), Ingeniero Electrónico y Profesor en diversas disciplinas de las Tecnologías de Desarrollo Humano (TDH's).

Además es:

- Master Coach, certificado por HCN World.
- Master Developmental Coach and Consultant, certificado por la IDM de los EEUU.
- Trainer de Mentoring, certificado por Coaching and Mentoring International (CMI) de Inglaterra.
- Business Coach, certificado por la Worldwide Association of Business Coaches (WABC).
- EIA Senior Practitioner Coach & Mentor Profesional, acreditado por la EMCC - European Mentoring and Coaching Council.

- Master Trainer en PNL, certificado por la International Community of NLP (ICNLP) de Suecia.
- Fellow Master Trainer en PNL, certificado por la IANLP de Suiza.
- Especialista en Hipnosis Clínica e Hipnoterapia Avanzada, certificado por la International Hypnosis Association LLC, (IHA) y por HCN World.
- Director Fundador de la Asociación Chilena de PNL, Asociación Chilena de Coaching y Mentoring, y de la sOhi, Sociedad Chilena de Hipnosis.
- Director de la ATDH's Agrupación de Asociaciones de Tecnologías del Desarrollo Humano.
- Profesor de los Diplomados Internacionales de Coaching Neurolingüístico, Coaching Integral ICI, Mentoring de Desarrollo Profesional e Hipnosis Clínica Eriksoniana en la Academia Inpact S.A.
- Profesor de las Especializaciones de Team, Business y Executive Coaching en Academia Inpact S.A.
- Profesor de los cursos de Practitioner, Master Practitioner, Psicología Neurolingüística y Trainer en Programación Neurolingüística en la Academia Inpact S.A.
- Creador de la Revista ICIMAG, del Podcast "Calina Púrpura" y del Videocast "Esto no es para ti".
- Ingeniero Civil Electrónico - Escola Mauá del IMT de Sao Paulo, Brasil.
- Director académico de la Academia Inpact S.A.
- Socio fundador de HCN World.
- Miembro Consejero de la EMCC Global - European Mentoring and Coaching Council.
- Miembro de la Sociedad de Escritores de Chile (SECH).
- Miembro del Colegio de Ingenieros de Chile.
- Life Member del Institute of Electrical and Electronic Engineers (I.E.E.E.) de EEUU.
- Miembro de la Systems, Man and Cybernetics Society y de la Society on Social Implications of Technology del I.E.E.E.

- Miembro honorario de la Asociación de Hipnoterapia de Nuevo León A.C.
- Conferencista internacional de congresos, seminarios y charlas en Argentina, Brasil, Chile, Colombia, Ecuador, México, Panamá, Perú, Portugal, Venezuela y EE.UU.

Libros del autor:

- ¿Quién quieres ser? (2023)
- Veintiuna cosas para recordar (2022)
- La hija de Ogum (2022)
- La Gota Plana (2021)
- ¿Dónde está mi chupete? (2021)
- Ella, él y los otros (2021)
- Mediación y Negociación con PNL (2020)
- Gitti Curió (2019)
- Manual de Mentoring Profesional (2018)
- Herramientas de Coaching Avanzado (2017)
- Hipnosis Ericksoniana: Competencias Esenciales (2017)
- Manual de Coaching Neurolingüístico (2017)
- Coaching: Factores y Estrategias (2016)
- Cuentos de jardineros y puercoespines (2016)
- Team Coaching: Cómo desarrollar equipos de alto desempeño – coautor (2015)
- Hipnosis Clínica y Terapia Breve – coautor (2014)
- Coaching Ejecutivo de Líderes (2014)
- Fragmentos de un Corazón Climático (2014)
- Cómo Conseguir lo que Quiero o Cuentos de Niños para Adultos (2012)
- Usos y Perspectivas del Coaching – coautor y coeditor del libro (2012)
- Doscientos Cuarenta y Tres Apuntes de Vida (2010)
- Coaching Integral ICI en los Negocios (2010)
- Autohipnosis: Entrene su Mente (2009)

- Introducción al Coaching Integral ICI (2008)
- Momentos Mágicos o una Guía para Viajar en el Tiempo (2006)
- Un Día cada Día o la Próxima Estación (2005)

Mini books del autor:

- Team Coaching y equipos de ventas en tiempos de Zoom (2021)
- Hipnosis Provocativa (2017)
- El gerente rey ha muerto (2015)
- ¿Puede el trance hipnótico lograr un desarrollo social emocional? (2015)
- Siete preguntas de su coach (2014)
- Responsabilidad (2014)
- Cómo hacer lo que quieres (2014)

Made in the USA
Columbia, SC
27 July 2024

39431245R00052